思考の世界は概念が支える

―主体的で、対話的で深い学びの行き着くところ

福田誠治 著

東信堂

はじめに

核兵器が核抑止力を持っているわけではありません。

核兵器が持っているのは、破壊力だけです。

では、核兵器ということばが抑止力を持っているのでしょうか。

そうでもありません。同じことばを聞いても、別の行動をとる人がいるからです。

では、核抑止力を生み出しているのは何でしょうか。

それは、人の心の中につくられた概念なのです。

「核は恐ろしいものである」「核の惨事は悲惨である」「人間はこんな死に方をしてはいけない」というような理解と感情、つまり心に核抑止という概念があるからこそ、抑止力が生まれるのです。

概念は、言葉、ことば、記号、イメージの中に表現されます。核抑止という概念があれば、日本語でも、英語でも、フランス語でも、ドイツ語でも、何語でも理解できます。

日本では、ヒロシマ、ナガサキ、フクシマで人間がどのような悲惨さを味わってきているのかを知らせ、授業やマスコミで話題にする機会があり、考え合う経験があって、「核の悲惨さ」という概念、「人間の命の尊さ」という概念が日本人の多くの体の中に形成されているからです。この概念は、日本の平和教育が創り出した賜物なのです。

もちろん、何語でも、概念はことばの意味を作り出します。教育とは、概念をレベルアップする活動なのです。

「戦争は人の心の中に起きるものだから、人の心に平和の砦を築かなくてはならない。」

これは、1951 年発効のユネスコ憲章前文に書き込んであることばです。パリのユネスコ本部には、たくさんの言語でこのことばが書

かれたモニュメントがあります（福田誠治 2003：212）。ことばはあるのです。しかし、「人の心に平和の砦を築く」とは、密かに心に誓うことではなく、世界の人々の多くがこのことばの意味をよく理解し自分の概念としてそれぞれの心の中に生成して、必要な行動をとってほしいという意味に違いありません。

　このような平和概念があれば、2023 年 5 月に G7 の会議を広島で行った意味はあるのです。

　しかし、第二次世界大戦の勝ち組は、軍隊こそが国を守ったと自国の歴史をとらえます。そこで、アメリカ合衆国の国民のように、核兵器の破壊力こそが戦争を中止させたと考えがちです。すると核兵器のように、相手に戦意を失わせる、威圧のための兵器の使用は効果的であるという戦略的な概念が形成されます。核兵器の結果が悲惨であればあるほど核抑止力が作用すると考えるわけです。核兵器保有国の国民は、容易に核抑止力が理解できるわけです。

　核抑止力は、核兵器そのものにあるのではなく、核抑止力という言葉を説明してもうまく理解してもらえるわけでもなく、本人が学習した核の悲惨さという概念に宿るわけです。

　学習者がどう理解しようとも、教科書に書かれている意味内容が変わるわけではありません。では、深く理解しても知識はそのままなのでしょうか。

　考え、探究し、理解すると、何ができ、どこがどう変わるのでしょうか。言葉（単語）とかことば（文）の意味が変ってしまうのでしょうか。

　言葉やことばは文字や音で表現され、社会的にコントロールされます。個人が自分の精神や心でコントロールする言葉やことばなど記号は、「内言（ないげん）」とよばれますが、この内言の意味を広く「概念（コンセプト）」と呼び分けてみると、教育と学習の世界がとてもよく見えてきます。考え、探究し、理解した成果は、概念を豊かにし、作り

変え、レベルアップし、その人が理解し納得したその人自身の知識を構成していくというわけです。

　「主体的で、対話的で、深い学び」によって、個人は自分の概念を深掘りし、自分は何者か、自分の生きる地球の環境をどうすべきか、自分が協働して共に生きていく人々と民主社会を作る責任が自覚されるはずです。このことを、教師も生徒も認識してこそ、教育と学習はうまく結びつくものと思います。

　リフレクション（振り返り、内省）は、自分の思考に対するメタ認知を生み、自分の行動を自己調整し、より賢明な生き方ができるように自分の知識を構成していきます。

　教科や科目の体系だった知識を学ぶとは、自己認識に至り、自分の生き方に責任を持つというところまで学習できることを、すぐれた教育実践は示しています。

　コンテンツ・ベースではなくコンピテンス・ベースの教育への転換は、概念型カリキュラムという実践と結びついてすでに始まっています。

　つまり、日本で現在課題となっている学力の三要素は、なかでも「主体的で対話的で深い学び」、あるいは探究型の授業は、「自分は何者か」「自分の生きる世界環境はどうなっているのか」「この社会で人間はどう生きているのか」「では、自分はどう生きていくのか」という生きる力に行き着きます。このことを本書では考えてみたいと思います。

　まず、最もシンプルに概念とは何かを説明しておきます。私たちが、知識を学ぶときにまず記号、たいていは言葉（単語）とかことば（文）を道具として使います。これが図の第1層です。この道具には、それぞれ意味が付随していますが、これは社会的な文化によって歴史的に決まります。これが図の第2層です。人間はこの第2層を社

会的な交流の中で学習します。学習しているときには、個人の頭の中で高次精神機能がはたらき、概念がそれぞれの人間の脳内で形成されます。これが第3層です。われわれはすべての知識を学習することはできませんが、概念は意味の世界を形成してすべての知識をカバーします。いわば、個人の頭の中に形成された小宇宙です。人間の脳は、偏見も差別も作り出すこともできます。自分の理解が間違っていないかどうか、コミュニケーションや実践で常に確かめる必要があります。ところが、個人が形成した概念はそう長くは記憶できません。日常的に使わなければ、リアリティが不足し、合理性や論理性を欠いた表現困難な概念に退化してしまいます。それが第4層です。コミュニケーションするためには④→③→②→①と上っていかなくては、社会には出られません。考えがあっても、それに相応しい言葉が見つからなかったり、うまく文や文章につなげられなかったりするからです。このメカニズムを本書で解明していこうと思います。

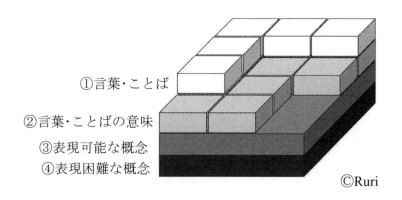

①言葉・ことば
②言葉・ことばの意味
③表現可能な概念
④表現困難な概念

©Ruri

図　考え・探究し・確かめ・理解すると何が残るか

目次／思考の世界は概念が支える──主体的、対話的で深い学びの行き着くところ

思考の世界は概念が支える

── 主体的、対話的で深い学びの行き着くところ ──

第1章　サブジェクト・マター(教科内容)

　一般に概念は、言葉によって表現できるものと考えられています。

　　「概念は言葉なしにはあり得ず[1]、概念的思考は言語的思考の外
　　では不可能である[2]。」(Выготский 1982：133、ヴィゴツキー 2001：163、
　　Vygotsky 1987：131)

これは、かつてのソビエトの心理学者ヴィゴツキー(Lev Semenovich
Vygotsky)の定義です。すると概念的思考が可能なのは、形式的操作
ができる段階、すなわち目の前に具体物がなかったり直接の経験が
無いことでも言葉だけで知的操作が可能になる段階に限られます。
彼は、はっきりと、

　　「12歳以前の子どもは、自分の前に立てられた課題を自覚する
　　ことは十分にできても、まだ新しい概念を形成することはで
　　きないのである[3]。」(Выготский 1982：123、ヴィゴツキー 2001：153、
　　Vygotsky 1987：124)

とも書いています。

　しかし、発達を支援する教育という立場から考えると、大人の思
考となる概念が形成されるまでの道筋が関心となります。発達心理
学を模索していたヴィゴツキーもまた、概念の発生をたどろうとし
ていました。乳幼児期の概念のようなものを含めて、概念を広くと
らえて考察したのです。逆にまた、現実の人間は、成人してもなお

前概念も概念も混在させて生きているわけですから、概念を哲学的に正確に定義できたとしてもそれほど意味はありません。

　概念型カリキュラムとは、ヴィゴツキーに倣って、

> 「一連の具体的印象の中から何かの一般的特徴を取り出したり[4]、その特徴を知覚の過程でそれと一緒になる一連の他の特徴から抽出あるいは抽象したり[5]、この一連の印象に共通する特徴を一般化する[6]という課題の前に子どもを立たせる[7]」(Выготский 1982：119、ヴィゴツキー 2001：148、Vygotsky 1987：122)

と言ってますので、言葉にならないイメージも含んで、言葉の意味・中身として思い浮かべられることを「概念」として、本書では考えていきます。

　概念のメリットは、自発的であることです。「三角形」という「概念」は、かなりの幼児期にできあがっています。たいていは積み木からイメージすると思われますが、おにぎりが始まりかもしれません。「直線三辺で形成される図形」という「概念」に一般化されるのは、直線が区別できる年齢になってから、たいていは幼稚園年長から小学生低学年の頃になってからになります。「さんかく」「しかく」「まる」という図形が見分けられるようになれば、「形」という上位概念と「さんかく」「しかく」「まる」などの同位概念の構造ができあがります。「正三角形」「二等辺三角形」「直角三角形」などと区別できるようになると、「さんかく」の下位概念が作られ、三角形の概念の構造はさらに複雑になります。

　個人が生活の中で自発的に理解し生成した概念を、ヴィゴツキーは「生活的概念」と呼び、教科書や資料を使って学校の授業などで人間の文化として学んだ概念を「科学的概念」と呼び分けました。

　生活的概念は個人の判断でいつでも修正できますが、科学的概念は科学あるいは学問のルールに従わないと変更できません。

　概念があれば、たとえば triangle などのように言語が異なっていても言葉として、あるいは図形の実物として互いにほぼほぼ理解し合うことができます。また、生活的概念があれば、正確でなくても科学的概念と結びつくこともできます。

　概念的思考の最大のメリットは、知識の学び方が楽になり、学びが楽しくなることです。

　正しい知識を暗記する、繰り返して覚えるという学習方法からの脱却は、100 年以上も前から考えられてきました。しかし、改革はなかなか進んできませんでした。2010 年代からのスマホの普及は、学習プロセスの急速な変化をもたらしています。教科書以外から、どんどん知識が生徒個人に入ってきて、しかもこの知識は自分の生活の中で使えるものです。例えば、折り紙の折り方がわからなければ、ネットで検索し、動画を見ながら理解し、他者の作り方をまねることもできるのです。どうするかという「概念 (know-how)」があれば、見よう見まねで作っていけるのです。子どもたちは学びの新ルートを手に入れました。しかも、学校の勉強よりも面白いのです。教師が知識として「概念 (know-what)」を順々に教え、生徒は教えられた通りに正確に知識内容を覚えるという授業でなくてもよいのです。言ってみれば、多少いびつな形でも大体できていれば「概念」は形成された、学習したと見なせるわけです。クラス一斉に同じ形を作らなくても、鶴を折ったり、蛙を折ったり、多様な成果が出てきても折り紙の「概念」を学習したことに変わりありません。

　この章では、学習に関する理論を歴史的に整理してみます。

（1）前概念から概念への発達

ヴィゴツキーは、本物の概念を科学的概念と呼び、その前段階の

概念らしきものを「自発的概念」とか「生活的概念[8]」と呼んでいます。

　心理学者が観察をしてみると、子どもは常に試行錯誤（trial/try and error）しながら情報交換し、たまたまうまくいった経験を集めて知識を作り出し、この知識をグループ化して概念のようなものを作り出して、大人とコミュニケーションしているようだということをつきとめました。コミュニケーションしながら、適用範囲をさぐり、概念を修正しているのです。

　ヴィゴツキーは、概念形成の発達を大まかに、①連合[9]、②複合[10]、③疑似概念[11]、④科学的概念[12]（概念）という順で考えました。ヴィゴツキーが整理している概念の一般化[13]の構造は、混合[14]、複合、前概念[15]、概念[16]とも言い直されています（Выготский 1982：270-271、ヴィゴツキー 2001：326-327、Vygotsky 1987：224-225）。しかも、それぞれの段階にそれなりの根拠があり、思考の発達とともに科学的な概念の形成にたどり着くのだと判断します。その年齢を、

　　「12歳の終わりになって初めて一般的な客観的表象を一人で形成する能力の急激な向上が現れる」（Выготский 1982：121、ヴィゴツキー 2001：151、Vygotsky 1987：123）

と、ドイツの研究者フランツ・リマ（Franz Rimat）の学位論文（1925年）から引用しています。ちょうどピアジェの発達論に似た区切りです。

　「連合」とは、つながりをよく考えずにとりあえず言葉（観念）を集

概念形成の段階	概念の型	形成される概念の形態〈1〉	形成される概念の形態〈2〉
1	生活的概念（機能的等価物）	連合	混合（未分化のままに融和）
2		複合	複合
3		疑似概念	前概念
4	科学的概念	概念	概念

図1-1　ヴィゴツキーが考えた概念形成の段階

（筆者作成）

めた集合 (collection) とか「堆積 (heap)」(Выготский 1982：134、ヴィゴツキー 2001：167、Vygotsky 1987：154) です。テーブル、よだれかけ（エプロン）、お茶碗、スプーン、スープ、卵焼き、ソーセージ、ご飯といった目に付いたものをつなげるのはこの類いです。

　「複合」とは、共通の質が見つかり、次第にグループ化されたものです。しかし、質の抽出に一貫性がなく、雑多な集まりです。主観的な結合だけでなく、具体的な事物との間で客観的な結合ができます。しかし、まだ、概念同士、あるいは概念内の要素は、統一的に整理され、構造化されていません。

　「疑似概念」は、直感的にとらえられた理解に基づいていて、社会的にも通用する概念です。そこで、「前概念」とも呼ばれます。ヴィゴツキーは「生活的概念」とも呼んでいます。科学的な概念の体系や構造がよく自覚されていないものです。

　ピアジェの実験で有名ですが、液体を細いコップから太い容器に移すと、子どもたちは「減った」と判断します。その液体を元に戻すと、「増えた」と言います。ピアジェは質量保存の法則の理解が不足していると解釈しています。

　この場合、「大小」の概念の要素として量の概念はまだできあがっておらず、高さの概念で測っているとも解釈できるでしょう。発達の初期段階では、「大きさ」という概念になります。家庭でケーキを切って分けるとき、あるいは給食当番が食事を皿に盛ったとき、目分量で大きい方を見分ける力を子どもたちは身に付けています。計りにのせて何グラムかと測定しなくても大小、多い・少ないの関係が理解できるわけです。

　ピアジェの実験でいえば、一次元的な長さや重さ、二次元的な面積、三次元的な体積とか容積という概念がそれぞれ科学的に定義され、それらが統合されて「量」という高次の概念が子どもたちに形

成されていく途中だと解釈できます。

　ものごとをどのように説明し、どのように理解して、どんな概念をつくり出すかには、多様性があることになります。この場合は、体積の「概念 (know-what)」よりは、「形を変えても塊の大きさは変わらない」という保存則の「概念 (know-how)」の方が幼児には説明が付けやすいと思われます。

　いずれにしても、考える力が発達して一般化の質を上げていけば、概念の内容、すなわち構成要素となる下部概念や知識が一つの質の特徴にしたがって論理的に一貫した構造を持つようになります。ここまでくれば、「前概念」ないし「機能的等価物 (functional equivalent)」は科学的な「概念」に発展します。

　ただし、ヴィゴツキーが言うように、科学的概念と生活的概念は、個人の中でともに発達しているわけです。われわれが言葉の意味として使っている「概念」は、個々人が思考の手段、かつまた思考の結果として活用している「内言」と見なしてよいと思われます。その「概念」には人類が到達している科学的な意味と、個人が経験している生活的な意味が混在しているわけです。

　ところが、事実に基づかなかったり、数少ない事実を一般化して根拠の乏しい「前概念」をいったん形成してしまうと、差別や偏見というやっかいな問題が起きてくることになります。

(2) 概念への注目

　1991年の『世界教育年報 (*World Yearbook of Education*)』は、「国際学校と国際教育」特集号になっています。その巻頭論文を、国際バカロレア (IB) 機構の第2代目総裁兼ジュネーブ国際学校校長のジェラール・ルノー (Gerald Renaud) が、ジュネーブ国際学校の歴史を理論的に

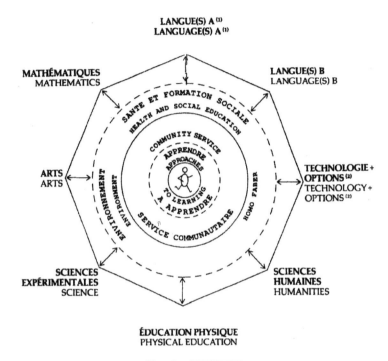

**Représentation schématique
du plan d'études**

Schematic Study Plan

図 1-2　学習計画図

（Renaud 1991：11）

　振り返っています。国際的規模で、実際にどのような教育が実践さ
れていたのかを理解する貴重な資料ですので、長くなりますがカリ
キュラム、授業原理、評価の部分を引用しながら、説明してみます。
　まず、学習計画図（**図 1-2**）では、中心に地域に生きる子どもを置
いたこと、MYP（Middle Years Progamme、中等教育プログラム）では外側に
8 角形の教科をおいて、世界とつながることを示しているのだと説

明されています (Renaud 1991：10)。国際学校は教科書に閉じこもって
はいけないという姿勢が見えてきます。説明文でも、この姿勢が「学
校の世界と『現実の世界』との間の分離を回避するおそらく最も優
れた方法」(Renaud 1991：13) であると明記されています。

　説明文 (**表 1-1**) 中の「言語A」とは、授業に文学史を含み、ネイティ
ブの歴史と文化も含めて民族言語を理解しようとするものです。「言
語B」とは、言語の授業のみで、コミュニケーションのツールとし
て学ぶ科目です。「生徒の必要性に応じた数」とは、生徒が言語A
を二つ、言語Bを一つというように複数受講することを考えていま
す。生徒は、自分の将来の職業や生活で実際に使うものを選び、教
師もまた実際に、適切に使えるように授業で教えます。

　「すべての教科は『概念』に基づいている (all subjects are based on
concepts)」という一文は、とても重要だと思われます。なぜなら、「単
に理解を記憶するのではなく、理解を発展させるために」と明快に
説明されていますので、考え方を学ぶために、「概念」に注目した
ということがわかります。

　また、その結果、「個人の柔軟性を許容する」ことになるとの見
解は、一つの正解を覚える画一的な一斉授業は学校教育に値しない
という教育観を、教師が持っているということで、親もまたそれを
認めているということです。探究の結果、異なる知識、個性的な考
え方や作品表現に行き着いてもよいということになります。

　評価関連の用語は、欧米の言語では二つあります。assessment は
テストやアンケートなど状況を把握する「調査」です。evaluation は
日常的な観察や、特別な「調査」を資料として、合否や順位を決め
る「評価」のことです。誤解を避けるために、本書では二つに訳し
分けてあります。テストの結果は、どのような設問に対して、そ
の時点でどのように反応したのかという条件付きの調査 (assessment)、

表1-1　ルノーが整理した国際バカロレア（IB）カリキュラム・科目関係・評価の定義

MYPの科目

図1-2は、8つの教科を示している。そのどれからでも、他のいくつかの教科を派生させることは可能である。

科学は、最初の2年間の共通コアの後に、生物、化学、物理に分けていく。

人間学には、歴史と地理を含めている。

言語は、図示したように言語Aと言語Bに分け、生徒の必要性に応じた数を開講する。

テクノロジーは、5か年サイクルにして少なくとも2年間開講する。地域の状況、制約並びにリソースを考慮して、かなりの数のオプションをカリキュラムに含めることができる。

一般的用語では（In general term）、単に事実を記憶するのではなく、理解を発展させるために（in order to develop understanding and not just memorization of facts）、すべての教科は「概念」に基づいている（all subjects are based on *concepts*）。同時に、国際的なコンテクストでは、これらの概念は異なる状況と、異なる実例に適用可能である（these concepts can be applied to different situations and different examples）。こうして、カリキュラムは、すべての学校で基本的には同一であるが、個人の柔軟性を許容するのである（the curriculum, while being basically the same in all schools, allows for individual flexibility）。

教室内の科目横断性（Interdisciplinarity in the classroom）

以上に述べてきたように、科目横断性という概念は、今では普通のことであり、「危ういもの」ではない（The concept of interdisciplinarity is now common but *dangerous* as it has been stated above）。科目横断性とは（Interdisciplinary）、すべての教科が（all subjects）、めいめいの方法論を保ちながら（while keeping their respective methodology）、世界の現実問題の知覚にとって、またその解決にとって関与するということ（contribute to the perception of the real problems of the world and to their solutions）を意味すべきである（should mean that）。これらの問題は複雑で（These problems are complex）、またたくさんの相互作用的な関与を必要とする（and call for the contribution of a number of interactive disciplines）。知識、経験、クリティカルな観察と連結させながら（associating knowledge, experience, and critical observation）、学校教科並びに相互関係の領域を結合することは（The combination of school subjects and areas of interaction）、しばしば起きてくるように（as frequently happens）、学校の世界と「現実の世界」との間の分離を（between the world of the school and the 'real world'）回避するおそらく最も優れた方法である（is probably the best way to avoid the separation）。学校の仕事は、若者を人生に準備することである（The vocation of the school is to prepare young people for life）。

進行過程の評価（Evaluation procedures）

いかなる教育過程も（any educational process）、効率のためには（to be efficient）、第一に訓練それ自体の期間に（first, during the training itself）、第二には訓練の最後に、教師、親、生徒自身に次の段階の教育を定める道具を提供するために（secondly, at the end of the training in order to provide the teachers, parents, and students themselves with an instrument of orientation for the next stage of education）、『測定される』ことが必要である（needs to be 'measured'）。尊敬する国際学校協会は（respect ISA）、『試験』という用語の使用を特に避けながら（avoiding in particular the use of the term 'examination'）、それ自体を目的とする調査を考えてはいない（does not consider assessment to be an end in itself）。評価システムは（the evaluation system）、次のような要素に基づいている（is based on the following elements）。

1. 国際学校協会カリキュラムの採用に適合し、定義された基準に対応する、学校の（of

> the school applying to adopt the ISA curriculum (ISAC), according to defiend criteria『認定 (*Accreditation*)』。
>
> 2. 国際学校協会が確立したルールに一致したカリキュラムの全要素に対応した学校のスタッフによって実施される、そしてまたサイクルの終わりに国際学校協会が指定した専門家が司会する『内部調査(*internal assessment*)』。
>
> 3. 相互作用の領域の一つと関連を保ちながら、子どもが生産する(worked out by the pupil and relating to one of the areas of interaction)「個人プロジェクト(*a personal project*)」。すなわち、そのようなプロジェクトは(such a project)、調査対象とのインタビューでプロジェクトを「擁護する」生徒が採用した方法論的アプローチを説明する記録がすべての場合に伴う(accompanied in all cases by a document exlaining the methodological approach adopted by the pupil who will 'defend' the project in an interview with the panel)「内界(*inter alia*)」、「ミニ・エッセイ」あるいは芸術活動という形態をとる(take the form of a 'mini-essay' or a work of art)だろう(may)。
>
> 以上述べた評価の要素のすべては(all of the elements of the above-mentioned evaluation)、生徒の企画した地域サービスというタイプに関する情報もまた含む(will also contain information on the type of community service undertaken by the pupil)『学校報告(a *school report*)』に盛り込まれるだろう。国際学校協会の認定として確認されるだろう(the report will be checked by ISA for approval)。認定校の推薦があれば(on recommendation by the accredited school)、学校報告で資格標準にとどいた生徒は(a pupil whose school report is certificate standard)、「国際学校協会国際中等教育ディプロマ」として表彰されるだろう(will be awarded the *ISA Diploma of International Secondary Education*)。

(Renaud 1991:12-13)

つまり特徴の有無をチェックすることに過ぎません。また、調査の方法が間違っているかもしれません。自分の実力を知って、生徒はすでにテスト直後に猛勉強して実力を伸ばしているかもしれません。

　評価(evaluation)とは、合格にするか、再試験にするか、不合格にするか、あるいは能力のレベルを決定することです。日々発達する能力を評価者は見抜いていかなくてはならず、日常的な授業への反応、協働活動などの様子から、見えない部分も含めて総合的に評価するには、現場にいる専門家である教師が最も適任のはずです。

　「尊敬する国際学校協会は、『試験という用語(the term 'examination')』の使用を特に避けながら、それ自体を目的とする調査を考えてはいない(does not consider assessment to be an end in itself)」(Renaud 1991:13)と指摘されているように、ルノーは従来の試験に基づく評価を避けよう

としています。これが基本方針です。

　国際バカロレア（IB）のカリキュラムは概念に基づいていること、授業でも概念を積極的に適用しながら、時には科目をこえて同じ概念を使って考えていくということです。

　ルノーが整理した学習の原則は、今日では、「科目横断的に知識を探究しながら、概念的な理解を発展させ活用します」という表現になっています。

（3）1995年にリン・エリクソンが概念型カリキュラムを提起した

　米国で教師を経験し学校管理の専門家となっていたリン・エリクソン（H. Lynn Erickson）は、「授業は情報のうわべ（a skim of surface information）をすくい取るものになってきている」と指摘しています（Erickson 1995：75）。

　これを反省した教師たちが、「単独事実型モデル（solely fact-based model）」から「三位一体カリキュラム・モデル（Tripartite Curriculum Model）」へとカリキュラム・デザインを、移行させているのは明らかだとエリクソンは述べています（Erickson 1995：74）。これは、1995年のことでした。

　彼女は、カリキュラムは、「内容はトピックよりは概念で編成される（content is organized conceptually rather than topically）」べきだと主張します。

　「トピックのテーマ（topical theme）」ないし「テーマ・トピック（thematic topics）」は、たとえば、「アメリカ史における紛争」とか「人間関係における紛争」と「紛争（conflict）」という概念を授業で扱うことを明確にすべきだというわけです。

　授業の焦点は、「バラバラの事実を記憶すること」から「世代を永続させること」、すなわち「概念を組織する（organizing concept）ことと、

テーマ・トピックとに関連する諸原理」とを「理解すること」へと転換すべきだというわけです (Erickson 1995：75)。

(4) 概念理解の現在

　国際バカロレア (IB) の教科は、PYP (Primary Years Progamme、初等教育プログラム) では「それぞれの教科領域の基礎 (the essence of each of these subject areas) を形成している知識、概念、技能」(IBO 2009：11、国際バカロレア機構 2018a：13) と、「知識、概念、技能」と教科カリキュラムの基礎的要素が表現されています。
　また、MYP においても、

　　「国際バカロレア (IB) は、知識を伝達し事実を機械的に暗記するだけの教育よりも (less as the transmission of knowledge and rote memorization of facts)、個人が理解したことを変容させ、協働で意味を構成する教育をより (more as the transformation of personal understanding and the collaborative construction of meaning) 評価しています。そのため、概念理解が (conceptual understanding)、IB プログラムの指導と学習にとって重要かつ揺るぎない目標なのです。」(IBO 2021：14、国際バカロレア機構 2018b：18)

　　「概念 (concepts) は、知識の構造の主要な位置を占めています。……概念 (concepts) は、生徒が未来を維持し続けるべきことを理解すること、すなわち、世界を理解し、今後の勉強 (study) でまた学校をこえた人生において成功するために、生徒が活用することのできる諸原理ならびに一般論となるという理解が通例になっています。」(IBO 2021：14、国際バカロレア機構 2018b：18)

と説明されています。「伝達された知識」を個人が理解することとは、その個人の概念を基盤に理解することです。したがって、コミュニ

ケーションにおいて受信者の受け取りは、発信者の知識理解と同一ではありません。「伝達された知識」は、そのまま伝わるわけではないと考えるべきです。しかも、個人は「理解したものを変容させ」、コラボレーションして「意味を構成する」ことになれば、個々人の保持する概念もまた日々変化し、新しい概念がまた構成されます。

　学習という行為を、個人が概念を高めていく諸活動へと転換しようとしたことは、国際バカロレア（IB）カリキュラムが持つ教育史上極めて重要な意義です。知識と技能（スキル）だけにこだわる限り、正解とか標準（スタンダード）に勉強（study）目標が限定されてしまうからです。学習の可能性を広げようとする立場は、リン・エリクソンの言葉では、三次元カリキュラムということになります。

　概念の構成を学習主体の立場から把握することが第一ですが、国際バカロレア（IB）は、第二に、教育者の立場から概念形成を指導しようと試みてきました。生徒各自が概念を鍛えていく、すなわち疑問を持ち、コラボレーションしながら問題解決をはかっていく授業において、各自が概念をより一般化していくには、どのように授業を編成していったらよいだろうか、どのように解決すべき課題を設定すればよいのかと問題を立てたわけです。

　国際バカロレア（IB）は、生徒の探究を支える教育的な指導を、「テーマ」と「コンテクスト」、「中心的アイディア（central idea、中心理念）」、「重要概念の問い（key concept question、重要な問い）」や「重要概念（key concept）」や「関連概念（related concept）」、「関連する問い（related questions）」などを手段にして構築しようとしました（IBO 2009：17、国際バカロレア機構 2018a：20、および IBO 2021：14-19、国際バカロレア機構 2018b：18-25）。

　とりわけ、PYP では「重要概念」は「鍵（a key）」であり、「構造化された持続的な探究を通して知識体系（a body of knowledge）にアプロー

チする方法」を提供するものと定義されています(IBO 2009：17、国際バカロレア機構 2018a：20)。

MYP についても、次のように定式化されています。

> 「概念駆動型カリキュラム(concept-driven curriculum) は、観念を中心に据えた指導と学習(idea-centred teaching and learning)を促します。MYP は、MYP 実施校において概念理解という共通基盤(a common basis of conceptual understanding)を確保するために、(包括的な)『重要概念』と、(教科特有の)『関連概念』を定め(prescribes key concepts (overarching) and related concepts (subject-specific))、生徒がこれからの学習に向けてしっかりとした基盤を築けるように導いています。」(IBO 2021：15、国際バカロレア機構 2018b：20)

(5) 授業を編成するコンセプト

①学校段階を一貫する大きなテーマと問いかけ

国際バカロレア(IB)は、学年や学期で達成目標を決める「モジュール型」のカリキュラムではなく、学校段階全体でカリキュラムの目的を決める「リニア型」を採用しています。

IB カリキュラムの最大の特徴は、個人と社会を結びつけ、時間と空間をこえる「大きな学びの物語」を、PYP(幼稚園・小学校段階)すべて、および MYP すべての学びに、一貫してかぶせていることです。これを「PYP 科目の枠をこえたテーマ(PYP transdisciplinary theme)」と「MYP グローバル・コンテクスト(MYP global context)」と呼びます。

カリキュラム構成の根源となる最上位の概念、いわゆるコンセプトがあるわけです。

表 1-2 は、PYP の「テーマ」(IBO 2009：12、国際バカロレア機構 2018a：14-15)と、MYP グローバル・コンテクストにおける「焦点となる問

表1-2　IBのPYP科目をこえたテーマとMYPグローバル・コンテクストにおける問いかけ

PYP「教科の枠をこえたテーマ（transdisciplinary themes、教科横断的テーマ）」
私たちは誰なのか　Who we are 私たちはどのような場所と時代にいるのか　Where we are in place and time 私たちはどのように自分を表現するのか　How we express ourselves 世界はどのような仕組みになっているのか　How the world works 私たちは自分たちをどう組織しているのか　How we organize ourselves この地球を共有するということ　Sharing the planet
MYP「グローバル・コンテクスト（global context、国際的文脈）」
私は誰なのか。私たちは誰なのか　Who am I? Who are we? 「どこ」「いつ」の意味は何か　What is the meanig of "where" and "when"? 創造的な表現の本質と目的は何か 　　　　　　　　　　What is the nature and purpose of creative expression? 自分たちが住む世界をどのように理解するか 　　　　　　　　　　How do we understand the world in which we live? あらゆることはどのようにつながっているのか　How is everything connected? 共通の人間性がもたらすものは何か 　　　　　　　　　　What are the consequences of our common humanity?

（IBO 2009：12、国際バカロレア機構 2018a：14-15 、および IBO 2021：60-61、国際バカロレア機構 2018b：71-73）

いかけ（Focus question）」（IBO 2021：60-61、国際バカロレア機構 2018b：71-72）を抜き出したものです。

　このように国際バカロレア（IB）カリキュラムでは、テーマやグローバル・コンテクストが設定されていて、日常的に生徒たちが「自分は何者か」「自分がいる社会・自然環境はどうなっているか」「自分は一体何を為すべきか」を問うようになっています。このことは、米国の哲学者ジョン・デューイ（John Dewey））が『民主主義と教育』（1916年）最終章を「道徳の理論」として強調したことと重なります。

　デューイは、人間の最高の知的活動は道徳であると考えました。知識を学ぶことと、自分の生き方を社会との関係で決めていくこととは深く関連すると考えたわけです。TOK（知の理論）やEE（課題論

文）、CAS（奉仕活動）が必修科目として置かれていることと通じるものがあります。

　知識の学習と道徳的成長との間に「密接な有機的関連がない時には」「知識は日常的な行為の源泉とか人生観には統合されず、道徳は道学主義となり、徳目の個別体系になるのである」（Dewey 1916：370、デューイ 1975b：245）とデューイは言っています。そして、このような分離は、社会的目標をもって学習すること、および社会的状況の典型を学習素材として活用するような、連続的活動もしくは仕事からなる教育体系によって克服されると指摘しています。

　探究型の授業は、たいていプロジェクトを組み、グループ活動で行われることが多いと思われます。探究し、問題解決をする経験は、「生きる力」を養うことになっているのですが、それは個々バラバラのスキルの習得ではなく、自分は何者で、何がしたいのか、何をすべきか、どうしたらよいのかという問いを持って学習することは、将来の自分の生き方を創り出していくことになります。当然に、自分が生きる社会をよりよいものに改革しようという視野も開けてきます。オープン・マインドとは、このような努力を指しています。そして、人生という生きる物語を作り出すのは、自分なのです。かといって、強制されたくない人の存在にもまた配慮する必要があります。

　Learning to be とは、今を一生懸命生きる、それを続けていけば結果的に自分と自分たちの未来を創り出すことになるという探究的な学びです。現在を犠牲にして未来を創ろうとしても、結果的には自分の未来と自分たちの未来を犠牲にしてしまうことになるのではないか、こんな問いを含む探究なのです。

②教科・科目をこえる重要概念

　表 1-3 は、国際バカロレア（IB）MYP の「重要概念（Key concepts）」の一覧です。MYP とは、中学生と高校 1 年生が相当しますが、どの重要概念の中に学修中の知識を含めるかは、簡単には決めにくいも

表 1-3　国際バカロレア（IB）の重要概念

PYP の重要概念と重要な問い		
特徴　Form	それはどのようなものか	What is it like?
機能　Function	それはどのように機能するか	Who does it work?
原因　Causation	それはなぜそうなのか	Why is it like it is?
変化　Change	それはどのように変わっていくのか	
		How is it changing?
関連　Connection	それは他のものとどのようにつながっているのか	
		How is it connected to other things?
視点　Perspective	どのような見方があるか	What are the point of view?
責任　Responsibility	私たちにはどんな責任があるのか	
		What is our responsibility?
リフレクション Reflection	私たちはどのように知るのか	How do we know?
MYP の 8 教科および学際的教科（MYP 科目）に対応する重要概念		
美しさ　Aesthetics		
変化　Change		
コミュニケーション　Communication		
コミュニティ Communities		
つながり　Connections		
創造性　Creativity		
文化　Culture		
発展　Development		
形式　Form		
グローバルな相互作用　Global interactions		
アイデンティティ　Identity		
論理　Logic		
ものの見方　Perspective		
関係性　Relationships		
システム Systems		
時間、場所、空間　Time, place and space		

（IBO 2009：18-20、国際バカロレア機構 2018a：21-23、および IBO 2021：56、国際バカロレア機構 2018b：67）

のです。複数の重要概念が混在するというのが知識の一般的な姿です。

　表1-3の「重要概念」一覧にあるreflectionはリフレクションと訳してありますが、説明文では「偏見や間違いに対して厳密に検証を行う」ことで、子どもの思考を「高度なメタ認知まで発展させる」とあります（IBO 2009：20、国際バカロレア機構2018a：23）。再調査し、根拠になるものを見つけて、どのようになっているかを知り、今後の行動を修正する方針を立てるところまで責任を持つという複雑な考慮をすることです。

　国際バカロレア（IB）のカリキュラムで学ぶ際に、子どもたちに学習をうながし、知識の体系にアプローチしていく学習活動を実行し、探究を支えるものが重要概念ととらえられています。

　学校の授業で学ぶことは、教科・科目で区切られるべきではないという配慮から、また学校教育は知識を覚えさせることではないという理念から、授業は、教科・科目をこえる「重要概念」（表1-3）と、教科・科目に特徴的な「関連概念」とによって組み立てられます。つまり、このような概念を探究するプロセスで、たくさんの知識を学びながら理解し、PYPでは経験で確かめながら、MYPやDP（Diploma Programme、ディプロマ・プログラム）では自分の経験と人生とつなげながら自分の知識を構成していきます。とりわけDPでは、将来に向けて学問的知識を吸収します。

第2章　一次元カリキュラムの教科課程

　正解を順々に覚えていくこと、知識が順々に蓄積されていくこと。計算や英会話のスキルが速く、正確に実行できること。一次元カリキュラムのイメージはこのようなものです。

　なぜ正解を覚えるのでしょうか。

　自分の人生に必要なものだけでもよいのではないでしょうか。

（1）一次元カリキュラムの歴史的な限界

①読めば分かる

　日本では、1886（明治19）年に教科書に検定制度が設けられ、教科書採択は各府県で行い、教科書は4年間変更しないことが決まりました。さらに、1903年には国定教科書制度へと変更されます。このようなわけで、教科内容は教育行政が決めることで、しかもそれは教科書に記述されていることが原則になります。したがって教科書に書かれている知識を解説して生徒に覚えさせ、教科書で指示されているスキル（技能）を実践させることが日本の学校教育となりました。このような知識中心、公式の適用という方式の教育を、コンテンツ・ベースの教育と呼びます。

　日本には、「素読」という学習法が形成されています。これは、漢文、

中国語の歴史的な書物の解釈をする場合に、「内容の理解は二の次にして、文字だけを声に出して読む」という方法でした。その源は中国の古書『魏志―王粛伝注董遇伝』に書かれている、「読書百遍義自^{おのずか}ら見^{あらわ}る」とか「読書百遍意^い自ら通^{つう}ず」からきていると言われます。つまり読書を何度も繰り返すと、その意味は自然にわかるものだという学習法です。

　まあ、言ってみれば、本人がやる気になれば理解できるはずだという学習の解釈に行き着きます。これに対応する教育の論理は、正解を一方的に教えるという「一次元カリキュラム」となるわけです。

　一次元カリキュラムは、演繹的な教育方法です。正しい原理・原則から現実を説明し、正しい原理・原則ならびに公式を教え、覚えさせます。これを、具体的な諸課題に適用するのが目標となります。よくテストで問題を解くといいますが、解き方がわからないから「問題」なのですが、解き方がわかっている課題のみがテストに出題されるわけです。

　このような教育は、長期にわたってほとんど労働内容が変化せず、一生に一つの職業に就いてルーチンワークをこなすような場合には、問題は生じてこないはずでした。

　正しい知識が、順々に教えられ、生徒はそれが必要な知識だと思って学びます。理科の知識など、知識の関連性はそれほど計画されているわけではありません。優しいものから難しいものへと順序づけられているはずですが、漢字の学年配当などを例にとっても、これもまた根拠の乏しいルールです。つまり、無駄の多い学校教育になります。

　しかも、カリキュラムの通りに、学べない子どもは、落ちこぼれと見なされます。意欲をそぐ教育になりがちでした。

②言葉を覚えるだけでは正しい理解をしたことにならない

　『戦争と平和』などの長編で知られている文豪のトルストイ（Lev Nikolayevich Tolstoy）は、自宅で村の子どもたちに学校を開いていました。彼は、すぐれた作家でしたから言葉とその言葉のもつ社会的な意味、いわゆる語義[17]について、よく理解していました。トルストイは、自分の教育活動を通して、

　　「教師から生徒へ概念を直接で単純に伝達すること、一つの頭から他の頭へ語義を別の言葉の助けを借りて機械的に移行することは不可能なことだと自覚していた。」（Выготский 1982：189、ヴィゴツキー 2001：230）

と、ヴィゴツキーは書いています。言葉を伝えただけでは、言葉の持つ意味内容、いわゆる概念は伝わりません。それを理解させようとして、別の言葉で説明しようとしても同じことだと、ヴィゴツキーは指摘します。なぜなら、相手が同様の経験を持っていて同じような概念を形成していない限り、言葉・ことばの意味は伝わらない。それなのに、花弁を開くように乱暴に詰め込むというのはなおさらいけないと、ヴィゴツキーはトルストイから学んだと言っています。

　自分の経験を意味づけ、他人の経験を学び、共感して理解するなど、言葉のなかみを作り出すことは簡単ではありません。

　自分が確信する事実であっても、環境問題のように測定技術の進歩によってより正確に表現されたり、時間とともに知識も変化していくとなると、学び直しをしなくてはならなくなります。自分で経験し確かめたわけでもないのに、言葉だけで理解していると、誤解したまま他人とコミュニケーションしてしまうことにもなります。

③コンテンツ・ベースの学び

　教えるべきサブジェクト・マター（subject-matter、教科内容）の学修

を目的に教師から生徒に一方的に教えるカリキュラムは、一次元カリキュラムと呼べるでしょう。

　コンテンツ・ベースのカリキュラムでは、教科書に書かれている内容をすべて覚えます。学習の成果は、**表2-1**のようなテストで測定されます。

　表中のコンテンツ・ベース教育の設問のうち問1は、2020年度の小学校教育資格認定試験に実際に出題された設問です。独立行政法人教職員支援機構が作成した令和2年度の教員資格認定試験問題のうち、小学校社会科の問5にあたります。その他は筆者が作成しました。

表2-1　学修成果を評価するテスト

コンテンツ・ベース教育の設問	コンセプト・ベース教育の設問
問1　「小学校学習指導要領」の「第2　各学年の目標および内容」では、第6学年の歴史学習で取り上げられる42人の人物を挙げ、それらの人物の働きを通して学習できるように指導することが求められている。取り上げる42人に<u>含まれない人物</u>を、次のア〜エの中から一つ選んで記号で答えなさい。 ア　西郷隆盛 イ　大久保利通 ウ　坂本龍馬 エ　勝海舟	問1　「小学校学習指導要領」の「第2　各学年の目標および内容」では、第6学年の歴史学習で取り上げられる42人の人物を挙げ、それらの人物の働きを通して学習できるように指導することが求められている。次の4人の内これに選ばれていないとあなたが考える1名を選び、その理由を述べなさい。 ア　西郷隆盛 イ　大久保利通 ウ　坂本龍馬 エ　勝海舟
問2　鎌倉幕府は何年に始まりますか。	問2　鎌倉幕府は武家政治の始まりと考えられますが、それと前後する政治体制との違いを説明しなさい。また、その頃、世界では何が起きていましたか、次の4つから2つ選びなさい（複数も可）。 (a) 蒙古襲来、(b) 十字軍、(c) フランス革命、(d) アメリカ独立

　たとえば問1に向けてテスト対策をしようとすれば、学習指導要領に列挙されている人物の42人の名前をすべて覚えることです。

　コンテンツ・ベースの学習では、正解を覚えた段階で、知識や言葉のなかみは固定されてしまいます。なぜなら、それが正解だからです。

　このような学びは、変化の激しい転職の時代には、不十分です。

④コンセプト・ベースの学びだったら

　コンセプト・ベースのカリキュラム、すなわち概念型カリキュラムでは、「歴史」「明治維新」「武家政治」「議会制」という概念が形成されていて、その具体例として文章で説明できることが求められます。この場合、学習指導要領で指摘されている人物42名がどのような思想を持ち、何のために、どのような活動をしたのかを探究しておく必要があります。たくさんの知識を一般化して、歴史に関する概念をバージョン・アップすることが、勉強の成果となります。

　また問2では、自分の家来（御家人）を諸国の守護、地頭などに任命する権利を朝廷から獲得した1185年か、源頼朝が朝廷から征夷大将軍に任ぜられた1192年か、その他かと歴史学者でも意見が分かれてきました。歴史教科書には、鎌倉幕府の始まりが、かつては1192年とし、現在は1185年と書かれています。そこで、コンテンツ・ベース教育のテスト対策としては、イイクニつくろう鎌倉幕府と覚えるか、イイハコつくろう鎌倉幕府と覚えるかの違いが起きてきます。かといって数字を正しく書けば歴史理解があるというわけもありません。

　概念型カリキュラムでは、「貴族」「武士」もしかしたら「騎士」、「民族」「国民」「国の統治（ガバナンス）」「政府」といった概念を使って説明ができることが、勉強の成果となります。その意味では、生き方

のルールを設定し江戸時代末までの統治コンセプトを創出した「御成敗式目」(1232 年)を武家政治の始まりとしてもよいと思われます。コンセプト・ベースの学びなら、幕府成立の年号を一つに限って覚えることよりも、「概念」理解から説明できればよいでしょう。

　言葉と思考が出会う時には、言葉は思考の手段になります。そして、思考した成果も言葉で表現されます。そうなると、言葉の中身、つまり概念は日に日に成長し、高度になっていきます。歴史で学んだ概念が、地理を学ぶときに役立つ概念を向上させていきます。数学で学んだ関数の概念が、理科の環境問題の手段となる概念を作りだしているということも起きてきます。

　ヴィゴツキーは、「問題解決の過程は、実際の概念形成と一致している」(Выготский 1982：129、ヴィゴツキー 2001：159、Vygotsky 1987：128)とも書いていますが、「なすことで学ぶ」とは自分の意志で活動する場合には言葉でよくよく考えるので、学習し、概念形成も進むということです。さらに、言葉以外の記号やイメージを要素にして概念形成を深めます。

　ヴィゴツキーの言い方では、

　　「概念の形成は、……基本的課題の解決においてそれの手段としての役割を演じる一連の操作から構成された目的志向的過程のタイプだということになる。言葉の暗記や言葉と物との結合それ自体は、概念の形成をもたらさない。……概念を形成することなしには解くことのできないような課題が発生しなければならないのである。」(Выготский 1982：123、ヴィゴツキー 2001：152-153)

となります。授業とは、「概念」を考えるような課題を生徒に提起し、生徒たちの問題解決のプロセスを見守ることだとも言い直せます。まるで AI とかチャット GPT が、過去のデータからことばの結合を

探し出してくるような話ですが、それは概念形成にはならないということです。概念は数量ではなくことばとことばのつなぎ方の意味、質、価値なのです。それを決めるのは、一人ひとりの自分なのです。

　そしてさらに、概念形成のプロセスにおいては、言葉は思考の手段でもあるのですが、思考の結果として形成される概念の表象（symbol）ともなります。つまり、問題解決の活動や探究活動の中で、概念そのものの質が向上したり、既存の概念が吸収・統合されたり、複数の概念が統一されて新しい概念が生成されることにもなります。このような概念のつながりを概念の構造と呼びます。概念の構造は、言葉や文字ではなく、意味の世界です。

　一次元カリキュラムとは、正しい言葉が教えられることです。かつてそのことばは、神の言葉として、意味や内容は唯一絶対だととらえられてきました。たとえば、聖書は、理解できるまで、何度も声に出してつぶやきました（福田誠治 2023：92）。絶対者である神の啓示を受けることを、悟りといいます。どのようにしたらそこに到達できるのでしょうか。仏教では、煩悩を捨てて無の境地になるまで、修行をしました。キリスト教の修道院では、人間の欲望を捨てることで、神の光に照らされると考えました。シャーマニズムでは、お祓いをしたり、呪文を唱えて踊ったりすることで、神が憑く、乗り移ると考えました。

　まず、神の言葉が文字として記述されます。時がかなりたって後、人間の言葉もまた記述される時代が訪れました。身の回りに実際にあるもの、身の回りで実際に起きたことなどは、人間の感覚を信じて、事実として記述されます。これが科学とか学問となり、やがて神から離れて客観的な事実（objective fact）として考えられるようになりました。

　たくさんの似たような事実を一般化して、知識が構成されます。

知識は、意味の世界で構造化、体系化されます。こうして新しい知識が、どんどんと概念の世界で整理されて、効率よく理解されます。概念の世界は基地の知識と既存の概念との上位概念、同位概念、下位概念という意味の構造に基づく「入れ子」構造になっています。

　事実を一般化したものを知識と呼びます。経験によって体得したスキル（技能）やイメージは、言葉に表現しがたい知識ですが、暗黙知とか直感と呼びます。

　さて、たとえば皆がそう言っているからと言ってそれは事実なのだろうかと疑う人もいます。その場にいて確かめるわけにはいかないが、事実を作り出している原因やルールを推測して真実（truth）とか真理（truth）と呼んで、見えないものを見ようとする人もいます。たとえば、刑事ドラマにあるように、事実は証拠となり、真実は真犯人という関係です。学問の世界では、研究の目的を真理の探究と言っています。

　哲学者としてのジョン・デューイは、事実（fact）と真実（truth）の両方を知識と呼びました。同時に、学問と科学をともに science と呼んで区別していません。今日では、米国の進化論裁判の影響もあり、事実だけに基づく学問のみを科学と呼ぶべきだと思われます。なぜならまず、真実の根拠は不確かだからです。事実のみに基づかない学問、いわゆる社会科学と人文科学は権威はあるのですが、必ずしも事実とは呼べない「言説（discourse）」だと考えるべきだと思われます。

（2）オフィシャルな知識

①権威が根拠となる知識

　知識は客観的で、誰がどこで学んでも同じであり、誰でもどこでも使えるものだと考えられてきました。

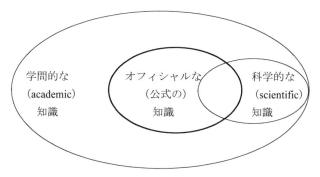

図2-1　科学と学問の関係

（筆者作成）

　フランス革命の後になって、宗教界の影響を排除して、世俗的な利益のみに基づいて学校教育制度が実現されました。聖教分離、すなわち宗教と教育とを分離する原則が、客観性に当たります。しかし、多くの国は、宗教と民族が切り離しがたく結びついていて、民族自決に基づく近代国家では聖教分離は完全には実現されずに今日に至っています。

　学校教育で教えるべき知識は、国民国家の制度では「オフィシャルな知識（official knowledge）」とも呼ばれ、教師はこれを自覚せざるを得ません。教育内容の細部にわたって、また教育方法についても検定教科書を使用するなど、教育内容も教育方法も教育行政がきわめて厳格にコントロールしている国もあります。（**図2-1**）

　サブジェクト・マター（教科内容）は、日本語では「教材」などと翻訳されていますが、日本の学校教育で育った皆さんは「教科書」に書かれてある重要事項だとして理解してくださっても大丈夫です。ただし、日本のように教科書にはオフィシャルな知識のみを掲載している国もあれば、米国のように教科書には多様な知識を掲載して生徒の考え方に任せるという国もあります。フィンランドのように、

教師の判断で、教科書に書いてあることをそのまま教えなくてもよく、教科書以上のことを教えてもよく、自分で教材を作って教えてもよい国もあります。そのような国では、サブジェクト・マターは、デューイが考えたようにクラスの生徒たちの状況に合わせて、また個々人の発達段階を考慮して、教師の専門性によって選択されてよいと考えられているわけです。

　科学的な知識とは、事実に反するものは除外されますので、正しいかどうかの判断はつけやすくなります。しかし、その他の学問は、独自の公理、定理、原則から理論を組み立てますので、真理を目指すと言いつつも、学問が真理を体現しているわけではありません。これは証明不可能なことで、学問一般はよく吟味はされているけれども言説に過ぎません。

②オフィシャルな知識を決めるのは誰か

　科学以外の学問では、正当性を決めるルールが学問それ自体には埋め込まれていません。そこで、米国では学問の原理・原則は実践で確かめるという「プラグマチズム」が学問の妥当性を判断する基準になったものと思われます。では、米国以外ではどうなっているのかは、皆さんが考えてください。

　結局、東アジアの国々がこれまで続けてきた正解を教える教育や、正解を見つけようとする学習では、グローバル化の時代には行き詰まりが見えてきます。何が正しい知識なのかが国際的に確定しているわけではないからです。そこで、少なくとも、この知識は「誰が言っているのか」「なぜ、何を目的にしてそう言っているのか」を考えながら知識を相対化して学ぶことが、混乱を避けるためにまず必要なことです。同時に、自分の主張は、主張の中身を明確にすることとともに、その目的は何か、相手にとってのメリット、われわれの社

会にとってのメリットなども上手に、明示的な言語にして表現することが必要になります。それが、人間相互の信頼を生むわけです。

　このようなリフレクションが米国に起きてきたのも、科学と宗教との間に進化論裁判という媒介項、つまり対話のルートが作られたからです。この歴史は、人類にとっては貴重な財産です。

③学校で教えるべき知識

　学校で教えられるべき知識は、正当な (legitimate)、もしくは正統な (orthodox) 知識です。したがって、これをオフィシャルな知識と呼んで、公的に妥当として認められている知識と見なすことができます。しかし、正しい (correct) 知識とは限りません。政府が異なれば、オフィシャルな知識も変わることがあります。

　宗教や民族の文化などによって、ものの見方の基準 (criterion, criteria) が異なります。統計的に多数の人々が用いている基準を標準 (standard) と呼びます。

　学校の教科で教えることになっている事柄、つまり教師が教えるべき知識や技能を、教育哲学者のジョン・デューイは、「サブジェクト・マター」と呼んでいます。これは、学校で教師が教えるべき、つまり生徒が学ぶべきオフィシャルな知識と技能で編成されます。しかし、デューイは、誰がどの知識を選択するべきかについてはあまり問題にしませんでした。民主社会では、それは強制されるものではなく、専門家である教師が、生徒の状態に応じて選ぶことが当然と考えていたようです。

　デューイは、学習 (learning) と、学校における教科内容の修得を「勉強 (study)」と呼び分けています。人類の経験の成果は教科内容として整理されているものだから、子どもは学校で教科の「勉強」をしなければならないと考えました。しかし、子どもが「勉強」できる

ように「子どもの現在の経験」を作り出すことが教師の役割、学校の役割だとも考えました。

　むしろデューイは、経験から学ぶことを重視したのです。何か作業したり考えたり、話し合ったり、協働 (cooperation) して作り出したりしている経験を「現在の経験 (present experience)」と呼びました。学習は「現在の経験」の成果です。教科書など教材から学ぶのも、現在の経験の一つに過ぎません。

　デューイは、政府が決めたというよりも、ちょうど「タイプライターを勉強する」ように、生徒が社会に出て仕事として、あるいは社会生活で使用する「事実や真理 (facts or truth)」を勉強することとして説明しています (Dewey 1916：141、デューイ 1975a：216)。

　デューイが書いた教育書では、この subject-matter または subject matter が「教材」と訳されてきました。ですが、これではきわめて重要な教育要因が理解できないのです。

　「教材 (teaching materials)」は、授業や学習に用いる「材料 (material、素材)」のことで、学ぶべき内容を記述した教科書や、学習理解を深める副読本、資料など、知識や技能が説明されている文献のことをいいます。他に、学習理解を効果的に支援する黒板、掛け図、標本、運動用具などを「教具 (teaching tools)」といいます。

　米国などでは、国による統一的な教科書検定制度はなく、教科書も一つの教材と見なしてきました。そこで、教科書には多様な意見が掲載されています。教科書を覚えればよいという勉強は成り立ちません。逆に、オフィシャルな知識と技能は多様な教材として表現されているということなので、あれこれと探究型の勉強をしなくてはならないわけです。今日では、概念型カリキュラムがもっともうまく授業を組織していると考えられています。

④一次元カリキュラム

　一般に、教科を教えることを教授（instruction、知識の積み上げ）と呼びます。教育（education）は価値に関することや生き方、道徳といった人格形成全体を指します。学校の授業（teaching）にはこの価値に関することを含めるべきでないという発想から、宗教を分離した近代公教育はフランスでスタートしました。客観的知識を教える授業を課業（lesson、レッスン）と呼びます。しかし、多くの国では、宗教教育が公立学校の中でも行われています。また、現在では、学ぶ意欲が重視され、知識や技能を環境や相手に合わせて適切に発揮するコンピテンスという能力の育成も含めて、人格形成という全人的な（holistic）発達が公教育でも目的とされるようになっています。

　学校で教えられる事柄をカリキュラム（curriculum、教科課程）に沿って学ぶことを、ジョン・デューイは、たいてい「勉強」と呼んで、「学習」と区別しています。この「勉強」で習得した能力を日本独自に「学力」と呼んでいます。「学力」という用語は、米国で使用されていたscholastic ability の直訳ではないかと思われますが、この用語は、現在の欧米ではほとんど使用されていません。いわば、学校で学んだオフィシャルな知識や技能が「学力」です。デューイもまた、勉強を探究とリフレクションと言い換えていますので（Dewey 1916：141、デューイ 1975a：216）、勉強は単なる丸暗記のことと考えていたわけではないようです。

　ところが日本では、「学力テスト」の出題範囲は教科書で習ったところとされ、たいてい教科書に書かれている内容から出題されます。教科書は、教科書を書いた人の知識表現にすぎませんが、文部科学省によって検定されていますので、正しい知識であると見なされます。そこで、正解を覚えることが学力になるわけです。このために、「学力」を欧米人に英語で説明することは、かなり骨が折れます。

　日本で「勉強」とは、なかなかできないことを努力するという意味ですが、明治以降は、学校の「課業」を覚えることを指して「勉強」という言葉が使われるようになりました。

　整理しますと、「勉強」は学校のカリキュラムに拘束される学び、「学習」は学び一般のことになります。研究者もまた学習しています。国際バカロレア（IB）には『10の学習者像（Learner Profile）』という学習者の姿勢がIB学習の原点として定められていますが、この「学習者（learner）」には、生徒も教師も、親もまた含まれています。

　カリキュラムは、たいていそれぞれの国の学校教育制度で定められています。これを「ナショナルカリキュラム（national curriculum; curricula、国家カリキュラム）」と呼びます。連邦制度をとっている国では、州によって、また自治政府によってカリキュラムが異なっている例もあります。英国では、日本を見倣って、一般庶民の通学する一般の学校に学習指導要領のようなもの、つまりナショナル・カリキュラムが設定されるのは、1988年のことです。そのために音楽や体育の授業をしない学校もたくさんあったようで、未だに、日本のようにどの学校にも広い運動場やプールがあるというわけではありません。もちろん、跳び箱やマット運動、鉄棒などの教具も、日本のようにそろってはいません。逆に言うと、日本の学校は、明治以降、ナショナル・カリキュラムを実現するために、教材・教具をきわめて几帳面に揃えてきたことになります。同時に、画一的な学校教育が日本中の学校で行われるようになったということにもなります。

（3）疑似概念の勉強に終わってはいけない

　カリキュラム研究者のヒルダ・タバ（Hilda Taba）は、英訳されたヴィ

ゴツキー著『思考と言語』(1962 年) 第 5 章 (Vygotsky 1962：52-81) から重要なことを学んでいます。なお『思考と言語』というタイトルは、「思考とことば (Thought and Speech)」と訳すべきでしたが、最初の英訳本が「Thought and Language」となっていて、この訳が広く定着してしまっています。そこで、本書でも『思考と言語』と表記していきます。

さて、ヒルダ・タバは 1966 年時点で、概念形成の発達段階を次のように整理します。

①堆積 (heaps)

②複合 (complexes)

③科学的水準の完全な概念 (scientific class concepts proper)

そして、複合の最終段階に登場する「疑似概念」(Vygotsky 1962：68-70) にヒルダ・タバはとりわけ着目します。

> 「ヴィゴツキーは、科学的概念と疑似概念と呼ぶものとを分けることに特別な問題意識を持った。疑似概念は、子どもによって自発的に発達させられた (developed spontaneously by the child) ものではない。むしろ、彼らが発達する道筋は、大人の言語の中で作られた言葉の意味によって予め決められているのである。このタイプの概念は、模倣とか定義によって言葉を学習する生徒には共通のものである。疑似概念は、本物の概念と表面的に類似しているので、教師や研究者が区別することを難しくしている。ヴィゴツキーは、この疑似概念と区別する困難さが、生徒の考え (thought) を分析する主要な障害になっていると見なしている。」(Taba 1966：5)

つまり、知ったかぶりをされると教師は指導に困るというのです。「模倣とか定義によって」とは、先生の言う通り、教科書に書いてある通り、つまり「正解」通りに覚え、また答えるという意味です。生徒自身が疑問を持たないで受け売りの言葉をそのまま述べるから、

本当に理解しているかどうか見分けがつかなくなり、指導しにくくなるということです。おそらく、ヒルダ・タバの頭には、psuedo-concepts の意味は「偽概念」として理解されていたものと思われます。

ヴィゴツキーは、『思考と言語』の中で「古い心理学や常識には、模倣を純粋に機械的な活動と見る見解が根を張っている」(Выготский 1982：247、ヴィゴツキー 2001：299) と書いています。親や教師が教えた言葉や知識を子どもが繰り返せば、その言葉や知識の中身、いわゆる概念を理解したと親や教師は誤解してしまう危険性があるわけです。

「子どもによって自発的に発達させられた」ということばは特に重要で、社会的な交流の中にありながらも、真の発達は自然発生ではなく、子どもが「自発的に」、考え、理解しながら、意図を持って、つまり自己起点で創り出すべきだという解釈がヴィゴツキーにもヒルダ・タバにもあったのです。

乳幼児や小学生のうちは、子どもが実際に体験しながら自分の感覚を使って、十分に考えられるようにしなくてはならないとヴィゴツキーは判断しました。特に子どもの場合には、「感性的素材と言葉[18]」は、「概念形成の二つの必須の要素[19]」(Выготский 1982：119、ヴィゴツキー 2001：148、Vygotsky 1987：119) であり、この素材から切り離された言葉は内容の無いものになると指摘しました。

リン・エリクソンは、ヒルダ・タバを 1950 年代および 1960 年代の「先験的な教育者」であって、「内容に応じた概念の組織者(conceptual organizers for content) という価値」を見抜いていた、と高く評価しています (Erickson 2008：28)。

ルソー (Jean-Jacques Rousseau)、フレーベル (Friedrich Wilhelm August Fröbel)、デューイ、ピアジェといった教育関係者の系譜に、ヴィゴツキーも、ヒルダ・タバも、リン・エリクソンもいるわけです。

第3章　二次元カリキュラムの教科課程

　二次元カリキュラムは、経験主義の学習方法です。

　二次元カリキュラムは、一次元カリキュラムのように絶対正しい固定的な知識・技能を内容とするとは考えません。

　知識は学ぶものによって構成されるわけです。いわゆる、構成主義の立場をとります。その結果、知識は多様であるのが普通です。だから、民主主義の下では討論がよく行われます。

（1）雑多な知識がどんどん増える

図 3-1 二次元カリキュラムのイメージ

（Erickson and Lanning 2014：23）

38

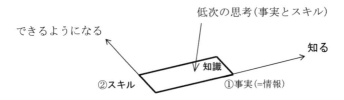

図 3-2　事実または単純なスキル (低次) のレベル

(筆者作成)

①事実から知識を生成する

　概念型カリキュラムの提唱者リン・エリクソンの説明から、二次元カリキュラムを解読してみましょう。

　現代の教育学の言葉から説明していきます。リン・エリクソンは、**図 3-1** のように、二次元カリキュラムを事実 (facts) とスキル (skills) から構成しています。これを二次元座標に書き直すと、**図 3-2** のようになります。リン・エリクソンは、知るというベクトルと創り出すというベクトルから、知識の平面を描いているようです。概念で言えば、「概念 (know what)」と「概念 (know how)」で二次元モデルが構成されているとも言えます。

　私たちは、経験によって何らかの創造活動や探究活動を行い (スキルの軸)、事実に関するさまざまな事実 (facts) を記録して、情報を作り出したりしています。

　事実を記録したものは、すべてが情報です。誤って記録したものは、偽情報とか誤報となどと呼ばれますが、情報の受け手は偽物なのか本物なのかを区別することはなかなかできません。

　それらが蓄積され、情報がある程度たまると、学習者は意味ある情報、同じような情報の内容を集め、つなげて考察し (事実の軸)、言葉を使って知識を構成していきます (二次元の面)。

　どの情報を選んでつなげるかは、その時の個人が関心あること、

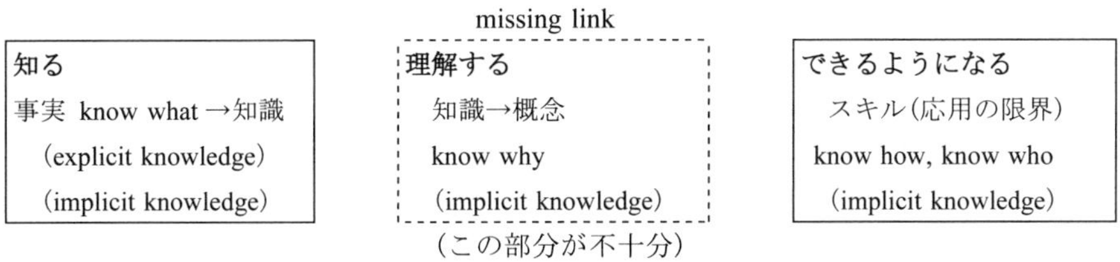

missing link

知る	理解する	できるようになる
事実　know what →知識	知識→概念	スキル(応用の限界)
(explicit knowledge)	know why	know how, know who
(implicit knowledge)	(implicit knowledge)	(implicit knowledge)

（この部分が不十分）

図3-3　事実とスキルをつなぐものは何か

知りたいことに限られます。すでにこの時点で、人間は脳を働かせて思考し、情報に意味を見出し、自分の知りたいことをことばを使って文に構成します。このような知識生成の解釈を、構成主義と呼んでいます。

　リン・エリクソンの説明論理をつないでいくと、事実(情報)の集まりと、スキルの集まり(経験)が織りなして知識が生まれる。つまり、思考の成果が知識というわけです。この場合、理解の度合いは、直感にたよっているので、低次なものと解釈されます。

　いわば、バラバラな断片的知識を集めただけの状態、人が違えば解釈も多様でコラボレーションや民主主義が成立しにくい状態になっているわけです。

　大雑把に指摘すれば、**図3-3**のように、どう理解するか、どこまで探究するかという論理が曖昧であるように思われます。

　ここで、言葉(words)の不思議な役割に気づきます。言葉は概念を形成する手段ですが、形成された成果を表現するのも言葉であるというのです。言葉を使って考えて、考えた結果も同じ言葉というわけですが、言葉の中身は考えた分だけ違うことになります。概念は、刻々とバージョン・アップされるとともに、忘れられてもいきます。

②デューイの実験学校

　教育学にも詳しい米国の哲学者ジョン・デューイは、学習の土台

として経験を重視しました。デューイは、あくまでも、子どもの経験から学習が始まり、子どもが興味を持ち、学ぼうとしたことしか学習されないと考えました。

　学校で教科として教える内容（コンテンツ）は、米国では一般にサブジェクト・マターと呼ばれていました。デューイもまた、このサブジェクト・マターの存在を否定していません。しかし、

> 「サブジェクト・マターは、自然と人間の世界に関する事実と原理（facts and principles）のレディメイドな体系的分類（a ready-made systematized classification）と見なされているものである。」(Dewey 1916：171、デューイ 1975a：261)

と説明しています。「レディメイドな」とは、誰かが作った一例という意味です。100年前の米国では、教師ほど教科内容の専門家は地域にいなかったのであり、社会的に信頼されて教科内容は教師の選択に任されていたと考えられます。つい最近まで、米国ではその傾向は強かったようです。

　さらに、サブジェクト・マターを教師が生徒に教え込むことをデューイが考えていたわけではなく、サブジェクト・マターを生徒個人が意図的に学ぶこともまた個人の経験、いわゆる経験知であり、どれをどの程度学ぶかは個々の教師が判断するほかないと考えていたと解釈できます。

　教育学研究者のジェーン・マーティンによれば、デューイは、「いわゆる標準的なアカデミック・カリキュラム、それに付随するドリルやテスト、暗記や金星マーク、その他によって成り立つ教育学を拒否した。」(Martin 2018：79、マーティン 2021：164)と明言されています。ただし、当時5％ほどが通うハイスクール（高等学校）では、デューイもまたアカデミックなカリキュラムを中心に据えていたとも彼女は指摘しています（Martin 2018：73、マーティン 2021：154）。

　したがって、小学校や中学校ではどうするかということになります。もっともよい方法を探るために、デューイは実験学校を始めました。

　進歩主義教育と訳されるプログレッシブズの教育実践の中には、ものを作り、役割を演じたりして、活動的で、探究的な授業を行った例もあります。米国進歩主義教育として有名な「ドルトン実験室プラン (Dalton Laboratory Plan)」のように、教科は一人ひとりの生徒が自分のペースで学ぶことができるとみなす授業もあります。

(2) ヴィゴツキー —— 最近接可能性領域 (ZPP) の発見

①生活的概念の生成

　ヴィゴツキーは、本物の概念を科学的概念と呼び、その前段階の概念らしきものを「生活的概念 (житейские понятия; everyday concepts)」と呼んでいます。

　ヴィゴツキーは、『思考と言語』(1934 年) 第 5 章において、概念形成のプロセスを整理しています。彼はさまざまな研究から、およそ 12 歳まで、つまり小学生のうちは考える力が発達途中で概念のつくり方が大人とは異なっていると考えました。この時期に、科学的な根拠づけがないままに直感的に理解された概念を、ヴィゴツキーは疑似概念と呼びました。それでも、大人とコミュニケーションできるわけですから、概念を使えるけれども、まだ十分に社会化されておらず、理解にずれが生じているということです。子どもは大人と同じ言葉を使えるからと言って、子どもが大人と同じように理解しているとは限らないので、言葉の詰め込みをあせってはいけないということになります。

　12 歳あたりまで、大人とは異なる概念形成が行われると考えた

のですが、この点はピアジェと同じです。

　しかし、ヴィゴツキーは、『思考と言語』第5章で「偽概念」と呼んだものを、第6章では「生活的概念」と積極的な評価へと転じます。これは、ヴィゴツキーの「きわめて独創的な見解」(柴田義松 2001：438)のようです。ジェ・イ・シフ (Ж. И. Шиф) の学位論文から、

> 「4年生になるとこの光景が変化する。ことば主義に変わって具体化が登場し、『自発性』概念の発達にも現れ、これらの発達曲線を均等にする。」(Выготский 1982：187、ヴィゴツキー 2001：228、Vygotsky 1987：169)

と考えるようになりました。ことばを具体的にあてはめて確かめること (転移)、つまり演繹法的理解ができるようになるということです。こうして、事実の際限ない乱立ではなく、一般化された概念によって知識は体系的に整理されるということになります。

　探究し、新しい知識を獲得するには、集団の創造活動と共に、それぞれの生徒が生活の中でつかんだ様々なアイディア (考え方) を持っている必要があります。

　科学的概念が理解され知能の発達を早めるこの前提を、ヴィゴツキーは、次のように説明しています。

> 「知識が一定の体系のなかで子どもに与えられることと並んで、この教育過程における中心要因としての子どもと大人との独特な協働によって、科学的概念の比較的早い成熟が説明される。また、科学的概念の進路を踏みならし、科学的概念の発達の一種の予備知識となって、科学的概念が発達する水準は、生活的概念が関与する最近接可能性領域 (ZPP)[20] として現れるということも説明できる。」(Выготский 1982：187、ヴィゴツキー 2001：227-228、Vygotsky 1987; 169)

と定義しています。あくまでも、学びの主体は教師ではなく生徒、

親ではなく子どもなのです。言い直しますと、小学校4年生あたりになって形式的操作ができるようになると、「なすことで学ぶ」から「必ずしもなさなくても学べる」段階に入っていきます。そこが知識をことばで学習するメリットです。知識を知れば、時間や空間を越えて、さまざまな事柄を理解することができます。しかしどこまで理解できるかは、人間一人ひとりが蓄積している科学的概念と生活的概念との結合のさせ方、個人と対象との社会的な交流による思考の深まりによるということです。

②科学的概念や学問的知識がなぜ学校で教えられているのか

　フランス革命の後、フランス政府は、学校の教師であった聖職者を追放して、学校教育と宗教とを分離しました。これが、近代公教育の原則とされ「教育の世俗性」と呼ばれています。日本でも、明治政府はこの原則を採用しました。

　したがって、日本の学校教育は科学あるいは学問の論理にしたがって、教育内容が編成されることになりました。

　科学的概念は、検証可能性といって、誰でもその正しさを確かめられるということが必要条件となっています。自然科学なら、実験をして確かめることもできます。正しいか間違いか、つまり真偽を問うことはできます。社会科学では、やり直しが不可能なので確かめたり比較しようもなく、知識の妥当性で判断する他ありません。個人の価値観に支えられる人文科学では、知識に優劣を付けがたく、好みの問題になってきます。これらの知識すべてが、学問とか科学を根拠にして「オフィシャルな知識」とか「科学的概念」ととらえられて、学校で教えられるわけです。まず「科学的概念」とか科学的知識は、すべて教えるには量的にかなりの無理があるように思われます。同時に、変化する科学のうち最新の到達点を教えられるかと

いうことについても、心もとないものとなっています。

　近代科学は、物事や現象を小さく分けていって「確実な単位」と
なる概念を複数見つけます。この作業を抽象化とか、分析と呼びま
す。逆に、この複数の「概念」を合理的に組み合わせて、法則を作
ります。この作業を総合と呼びます。ちょうど単語を文法でつない
で文を作るようなものです。これを知識と呼んでも差し支えありま
せん。「確実な単位」となる複数の概念は、それぞれの学問によっ
て異なります。この概念は、基本概念とか、学問の概念装置と呼ば
れます。ちょうど感染症のように、原因が新型コロナウイルスと特
定されれば、ウイルスという概念装置を使ってワクチンや治療薬を
開発していけるわけです。今では、ゲノム編集という遺伝子の単位
にまで人間が使う科学の力が及ぶようになっています。

　世界最初の電子顕微鏡は 1931 年にドイツで作られています。こ
れによって、細菌 (バクテリア) の世界と、ウイルスの世界が見えて
きました。細菌はマイクロメートル (1000 分の 1 ミリメートル) の単位、
ウイルスはナノメートル (1000 分の 1 マイクロメートル) の単位の大き
さです。どんな細菌やウイルスがあって、どのように人体に影響を
及ぼすのかということは、科学が進歩したと言われる今日でさえほ
とんど分かっていません。

　たとえば、「盲腸が痛い」と言うように、われわれは盲腸も虫垂
炎も同じ疾患 (病気) のことを指していうことがほとんどです。たい
ていは「虫垂炎」のことで、これまでは外科手術で切除して治療し
てきました。

　盲腸炎の原因となる虫垂は、これまでの生物学では痕跡器官と見
なされてきました。チャールズ・ダーウィン (Charles Robert Darwin) も
そう考えました。しかし、進化の過程で残されたのには、それなり
の理由があるのではないかと考えることもできます。

『あなたの体は 9 割が細菌』(コリン 2016) という著書がつい最近翻訳されました。原文のタイトルは『10% HUMAN』(Collen 2015) となっています。目の付け所が日米で逆というのも面白いですね。

なんと、私たち人間は、遺伝子の数では 2 万 1000 個で、稲の半分しかなく、プランクトンのミジンコの 3 万 1000 個に比べ 3 分の 2 だとわかりました。ではなぜ人は、高度な動物として生きていけるのか。このことは、1990 年に米国で開始されたヒトゲノム・プロジェクトの最中、今からやっと 20 年ほど前に分かってきました。若い皆さんの生まれた頃に、人間の DNA がすべて解読されたのです。人間は 100 兆個の微生物と共生していることも分かってきました。遺伝子の数でいえば 440 万個の微生物と、2 万 1000 個の人間との遺伝子が協力して人体を作り出しているというのです。こんな新しい知識を、もちろん私は学校で習っていません。

若い皆さんは、生物の始まりを真正細菌、古細菌、真核生物という進化の系統樹で習っていると思います (本書 54 ページの図 3-6)。恐らく、皆さんの親の世代に教科書に登場したものと思います。

さて、胃は、食べ物を酸で溶かすと同時に、消化器官内の微生物の多くを殺します。その後で、腸のあちこちに棲む別の微生物が食べ物を分解し、栄養を抽出します。もし、微生物がいなければもっと長い腸が必要になるわけです。現在の腸が食べ残した栄養分を、微生物が食べて、人間が吸収しやすくしているわけです。人体細胞の役割を微生物にアウトソーシングしているということになります。

ここまできて、やっと虫垂の役目が分かってきました。食中毒や、赤痢やコレラなどの感染症にかかり下痢をした直後は、消化器官内の微生物もまた体外に排出されます。しばらくして腸内が安全になると、虫垂に隠れていた「人体に有益な微生物」が腸内に出てきて

46

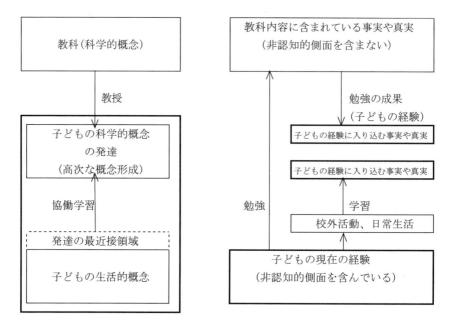

図 3-4　学習と発達の概念図―ヴィゴツキーとデューイの比較

（太線は子ども個人）

（筆者作成）

体内に広がり、以前の微生物世界があなたの体に復活する、こんな仕組みがようやく解明されたのです。

　個人が食生活を変えれば、微生物の分布も変わってきます。体の遺伝子を変えることは困難ですが、食べ物の変化に応じた微生物が超特急で増加して変化に対応するわけです。

　微生物は皮膚にも群落を作り、第二の皮膚を形成しています。これが、有害な細菌から人体を守っています。問題は、私たちが使う様々な薬品、化粧品とか消毒液などが微生物の生態系を破壊しているのではないかということです。

　各種のアレルギーも、微生物の生態系が原因かも知れません。人

間は、自分だけで生きているのではない、ましてや自分の体の細胞
だけで生きているわけでもないということを、筆者は初めて体系的
に知った次第です。このような科学的知識は、個人の経験ではカバー
しきれないことなので、そのために学校があるわけです。

③ヴィゴツキーの教科教育論

　ヴィゴツキーは、学校の教科として教えられる知識を科学的概念
と呼びました。学校の授業の中で、子どもは自分の生活的概念を土
台として自分の科学的概念を発達させます。子どもが理解して、自
分のものとした科学的概念と、子どもが生活の中で自分なりに解釈
して身に付けた知識（生活的概念）は、並行して発達するヴィゴツキー
は考えました。一人の人間には、科学的概念の集まりと生活的概念
の集まりとが同居しているわけです。

　デューイは、何か作業したり考えたり、話し合ったり、協同して
作り出したりしている経験を「現在の経験（present experience）」と呼び
ました。学習は「現在の経験」の成果です。デューイは、子どもが「勉
強」できるように「子どもの現在の経験」を作り出すことこそが教師
の役割、学校の役割だと考えました。その時、教師の頭の中にはサ
ブジェクト・マターが描かれているということです。

　ヴィゴツキーは、デューイよりは強く、大人からもたらされる科
学的概念の影響を重視しています。

　　「科学的概念によって切り開かれる発達路線の独自性に関する
　　われわれの作業仮説」（Выготский 1982：185、ヴィゴツキー 2001：225、
　　Vygotsky 1987：167）

とか、

　　「学校教育の過程における子どもの思考の実際の発達……概念、
　　つまり言葉の意味は発達する[21]ということ、科学的概念も発

　達するものであり、出来上がった形で習得されるものではない
　ということ、生活的概念で得られた結論を科学的概念に及ぼす
　ことは違法であること、問題全体が実験的に検証されなければ
　ならないという前提」(Выготский 1982：185、ヴィゴツキー 2001：226、
　Vygotsky 1987：167)

と書いています。これは、今から 90 年前のことですから、ヴィゴ
ツキー自身もまだ研究途中という意識にあるわけですが、心理学の
研究成果からこうなるはずだと言うわけです。第一に、学校で教え
られる科学的概念をもとに生徒自身の科学的概念が発達するわけで、
生徒はそれを最終結論として学習してはいけないと警告しています。
逆に、生徒が経験で得てきた生活的概念の方が科学的概念よりも正
しいと考えてはいけない、とも言っています。すなわち、もし科学
的概念を否定しようとするなら、自分で実験を行い、科学的な手続
きを経て、科学的概念の方を修正し発展させるべきだと言っている
わけです。科学的概念と生活的概念はそれぞれ異なるルールで形成
されている、このことをヴィゴツキーは研究者として厳格に区別し
ていました。

④個人の能力発達における科学的概念の役割

　さらにまた、ヴィゴツキーは、

　「科学的概念の発達は、自発的概念の発達を追い越す」(Выготский
　1982：186、ヴィゴツキー 2001：226、Vygotsky 1987：168)

と大胆に言い切っています。この点も、デューイと異なるところです。

　では、なぜそう言い切れるのでしょうか。それは、合理的な概念
構造の中でとらえれば、科学的概念の方が生活的概念よりも一般化
されていて、高度な概念だからです。これは、人類の文化として蓄
積されており、個人の経験が無くても、つまり個人が為すことで学

ばなくても論理的に理解できる科学的概念が膨大にあるということです。

　生徒たちは、科学的概念を学習することで科学的に吟味された言葉を使って考えることができ、授業などによって概念の一般化を常に試みるから、科学的概念は個人の知能の中で急速に発達するだというわけです。同時にまた、日常活動においても、学校で習ったことを頼りにして、周囲に興味、関心が広がり、生活的概念も増えていくでしょう。ヴィゴツキーの言い方では、

> 「科学的思考におけるこのような高い水準の進展と、生活的概念の割合の急激な上昇は、知識の集積が不断に科学的思考タイプの水準の向上をもたらし、他方、そのことは自発的思考の発達にも現れ、生徒の発達における教育の主導的役割を立証する。」(Выготский 1982：186、ヴィゴツキー 2001：227)

となります。つまり、学校教育が学齢期の生徒たちの発達を主導するということになります。主導とは、新しい知識を授業中に教師から積極的に提示し、生徒に「どうしてだろう」「なぜだろう」という疑問を起こさせ、思考の世界に誘うことです。この思考の発達の様子を、言い換えれば探究型の授業で生徒の思考はどのように発達するのかということをヴィゴツキーの論理で見てみましょう。

> 「社会科学の科学的な概念の発達[22] は、教師と子どもとの体系的な協働 (сотрудничество; collaboration)、という独特な形態をとりながら、教育プロセスという条件の中で進行する。すなわち、支援を得てまた大人の参加の下に、子どもの高次精神機能が成熟するプロセスの中にある協働において進行するのである。われわれにとって興味あることだが、このことが、因果的思考の相関性[23] の増大、および一定水準の科学的思考の自主性[24]、つまり教科教育という条件によって作りだされるこの水準の成熟

となって自分に現れてくる。」(Выготский 1982：187、ヴィゴツキー 2001：227、Vygotsky 1987：168-169)

科学的思考は、因果関係という原因から結果へという筋の通った思考のみに依拠して、自ら論理をたどっていくことだと言っているわけです。自然科学だと観察とか実験で確かめますが、人間が作り出す社会的な出来事については、実際に作り出してみることによって考え、確かめてみなさいということです。この「教科教育という条件によって作りだされる」「一定水準の科学的思考」という活動が概念型カリキュラムの「重要概念」とか「マクロ概念」の転移、つまり適用・応用して知識を確かめることなのです。

ロシア語の сотрудничество(サトゥルードニーチェストバ)は、「他者とともに働くこと」、ともに労働することという意味です。そこで文字通り協働(collaboration)と訳されます。ところが、米国における英訳本では、cooperation(協同)という訳が当てられています。デューイも、一貫して cooperation という用語を使いました。そこで、ヴィゴッキーの生きた時代を考慮し、労働(labor)という意味を残しながら、本書ではデューイの言葉に限り協働(cooperation)と訳していきます。

学校で教えることは、科学的概念もしくは権威あるオフィシャルな知識になっています。これを生徒が理解できる絶妙なタイミングを見て教師が授業で積極的に提起して、生徒が考え、理解できるように学習活動のプロセスを保証することになります。もう一度繰り返しますが、授業そのものが教師と生徒との協働活動なのです。

「知識が一定の体系のなかで子どもに与えられることと並んで、この教育過程における中心要因としての子どもと大人との独特な協働によって、科学的概念の比較的早い成熟が説明される。また、科学的概念の進路を踏みならし、科学的概念の発達

の一種の予備知識となって、科学的概念が発達する水準は、生活的概念が発達する最近接可能領域 (ZFP) として現れるということも説明できる。」(Выготский 1982：187、ヴィゴツキー 2001：228、Vygotsky 1987：169)

　子どもが学校で新しいことを学んだときに、学習対象としている科学的概念に応じて、「それだったら知っている」という生活的概念が見えてきます。最初から、生活的概念がみえているわけではありません。「うん、まだモヤモヤしているなあ」という生活的概念の領域が最近接可能性領域です。授業の中で「そんな考えがあったのか」「みんなどう思う」「それもいいね」と見つけ出していくところが、教師の専門性ということになります。

　「体系のなかで」とは、知識をばらばらに教えるのではなく、他の知識とのつながりの中で教えるわけですが、これこそ概念の形成を意味します。「子どもと大人との独特な協働」とあるように、大人が教え子どもが学ぶという一方的関係ではありません。概念の理解は、ことばを覚えることではなく、その意味を理解して、この科学的概念を使えるようにしておくことです。生活的概念は、その生徒にとって、またクラスの子どもたちにとって予備知識となり、科学的概念を理解する道を予め踏みならして、準備しておくことになります。そこまでは、その日の授業が到達できる範囲です。この範囲をヴィゴツキーは、「生活的概念が発達する最近接可能性領域 (ZPP)」と呼んだわけです。授業の進行によって、子どもは自分の経験を思い出したぐり寄せ、新たな可能性領域を創り出すかも知れません。それも含めて「発達の最近接領域 (ZPD)[25]」が明確になってきます。

　一般に言われる「発達の最近接領域 (ZPD)」は、「科学的概念が発達する可能性がある水準」のことです。ヴィゴツキーは、「発達の最近接領域」は、本人に生活的概念のゆとり (ZPP) がまずあって、

さらに本人と他者とのコラボレーションがその次のゆとり（ZPD）をうまく引き出すならば、科学的概念の発達として実現すると、ヴィゴツキーは言っているわけです。

意味も分からず言葉や知識を覚えさせられても、それは疑似概念にすぎないということになります。ZPP は授業開始前に生徒が描いた発達可能性、ZPD は授業進行中に作り出された教育可能性と言えるかも知れません。

⑤科学的概念と生活的概念とのつながり

この「科学的概念」を用いた思考力や判断力は、人間の複雑な精神に合理的な筋道を与える、つまり認知プロセスや非認知プロセスを高度にすると、ヴィゴツキーは考えました。また科学的概念には、人間の文化の歴史が蓄積しており、教育的に意義があると彼は考えました。なぜなら、はっきりした社会的言語を用いることで、人間は大脳皮質の言語野を動かし、高次精神機能を発揮する、つまり合理的思考ができるからです。この言語野は、一般に大脳皮質のうち左脳にあります。

「科学的概念」は「生活的概念」よりも、より厳密になります。たとえば物理学では、速さではなく「速度」という科学的概念、長さは「距離」という科学的概念を使います。「加速度」を時間で積分すれば「速度」が計算され、「速度」を時間で積分すれば「距離」が出てきます。物差しを当てて測ることのできない空間では、例えば宇宙探査機では科学的概念を使って飛行していきます。

メートルという長さの単位は、もとはと言えば、地球の大きさから割り出されていました。ところが、地球の形もでこぼこしています。メートル原器というものも登場しましたが、金属で作れば、温度差でかすかであっても変形します。そこで、1960 年には、「メー

分類階級

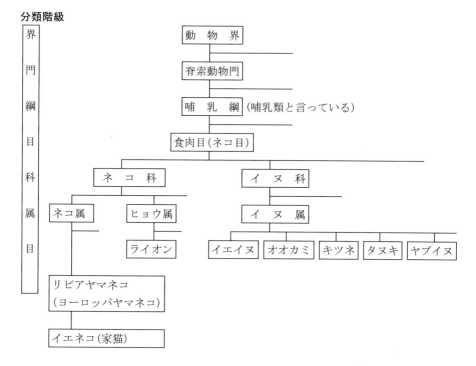

図 3-5　動物界の分類

トルはクリプトン 86 の原子単位 2p10 と 5d5 との間の遷移に対応する光の真空下における波長の 1650763.73 倍に等しい長さにする」というややこしい定義に変更されました。今や、科学的概念は、簡単に覚えられるものでなくなりつつあるのです。

　科学的概念は、特徴が分析され、構造化されます。猫と犬を学問的に構造的に分類すると**図 3-5** のようになります。犬は、人間が作りだした動物群だそうです。国際畜犬連盟（FCI）は 331 種をイヌとして公認しているそうです。ロシア連邦では、優しい気質のオオカミを選り分けて交配させ、イヌを作りだす実験をしています。実験はかなり成功しているようです。いずれにしても、私たちが接し

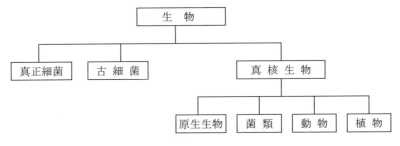

図3-6　生物界の分類

ているのは、家畜化された動物としてのネコやイヌのことです。犬
と猫の下位概念は、科学的概念と呼ぶにはあまり意味のないものの
ように思えます。

　さらに、電子顕微鏡の開発と遺伝子解析技術の進展も伴って、こ
こ20～30年のうちに微生物の世界が解明されて、今日では系統図
の上部は**図3-6**のように加筆修正されました。

　ヴィゴツキーは科学的概念として扱っていますが、社会科学や人
文科学は、社会的に定義されている、もしくは公認されているとい
う意味で「オフィシャルな知識」と呼び分けた方がよいと思います。

　科学的概念、あるいは科学的知識を理解し記憶したとしても、日
常的にはいつもそれを思い起こし、自覚して使っているわけではあ
りません。しかし、科学的概念があれば地震や環境破壊などのニュー
スが理解でき、クジラがどういう性質を持った生き物なのか、ある
いは地震の物理的な特質を特定することができます。

　たとえば、感染症の危険とか、放射能の危険を直接経験するより
は、科学的概念として頭の中で理解して、危険を回避した方が良い
わけです。環境破壊についても、「今までなんとかなったから問題
ない」という生活的概念で捉えるか、「これまでにない異常な状態
が多発しているので生物にとって危機だ」という生活的概念で捉え

るか、それを決定するのは科学的概念を根拠にする他ないのです。

　学校では、抽象的な論理を学びます。Ａ＝Ｂ、Ｂ＝ＣならばＡ＝Ｃである。これは三段論法と言われるものです。日本の小学生は、学校で給食を食べる。太郎君は日本の小学生である。となると、太郎君は小学校で給食を食べている、と考えるわけです。ヴィゴツキーは、1930年頃に、学校教育を受けていない人たちを探し出してこのような論理を使えるかどうか、つまり科学的概念はどうやって学習されるのか調べようとしました。実際に同僚のルリヤ（Alexander R. Luria）はウズベキスタンの山村に出向いて調査を行いました。その結果、学校教育を受けていない成人の集団ではこの三段論法が使えない人たちがいたそうです（Luria 1976、ルリヤ 1976）。

　学校教育では、はっきりした確実な知識を学び、それを合理的に物事に応用する、つまり正しい知識を物事にあてはめることを生徒に求めます。いわば、「科学的概念」で一貫させて物事や、社会の動き、世界の様子を理解しようとするわけです。

⑥科学を学習しても生活的概念は残る

　しかし、私たちは地動説を学校で習ったのですが、生活的概念は相変わらず昔のままです。

　学校は、教科というアカデミックなカリキュラムに基づいて科学的概念を教えるところです。生徒は、自分がすでに身に付けている生活的概念と比較対照しながら、必要に応じて修正したり組み替えながら科学的概念を内化するというのが、学習の基本です。しかし、人間の頭の中が学校で習った科学的概念で動いていくのはそう簡単ではありません。

　科学の領域では科学のルールのみで論理を詰めていきます。形式的操作ができる発達段階になると、まだそれに対応する生活的概念

がない、言わば知能の発達の可能性が成熟していない領域においても、科学的概念の習得を行うことができるようになります。ただし、科学的概念を定義に従って、理論的に体系化していく思考が必要になります。根拠の無いものは、科学的思考ではないということです。そうなるとちょっと勉強しただけでは、学習したといっても、非科学的な思考、事実とは異なる思考、合理的でない思考が残ってしまいます。

　学びは、一人ひとりが自分で神経を集中させて、自覚的に、自主的に考察していくことです。理解の末、学んだことが正しいと判断した場合には、それをふさわしく評価し、古い学びを修正しなくてはいけません。科学的知識と矛盾する古い知識、今まで正しいと理解していた科学的概念や今まで正しいと思っていた生活的概念は、知識として否定され、今までの自分の知識の体系・構造を修正しなくてはなりません。この思考プロセスをリフレクションと言います。学ぶとは、単なる暗記ではないのです。

　たとえば、「地動説は正しい」「地球が太陽の周りを回っているのだ」といくら繰り返しているだけでは、テストに出ればそう答えるでしょうが、日常的概念はそんなに劇的に変化はしません。

　地球が丸いことを自分の感覚でとらえられるのは、宇宙船に乗って実際に見てみるとか、そこからのビデオか写真ですが、それがない時代には月食がてがかりでした。月食は、地球の影によって起きてくると理解できれば、**図3-7** のように、その影から地球の形が推測できます。

　しかし、日常生活では、地球は平らであると見なして行動して差し支えなさそうです。

　子どもの頃、大人の人に両手を捕まれてびゅーんと振り回された経験はありませんか。その逆は無理ですから、太陽が地球に比べて

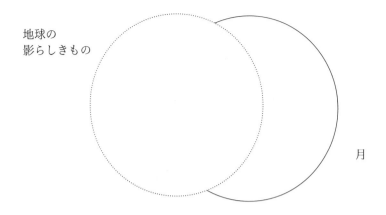

地球の
影らしきもの

月

図 3-7　部分月食と地球の影

よほど大きくて重いと推測できれば、地球が太陽の周りを公転していることが感覚的に理解できます。つまり地動説という科学的概念が、生活的概念に支えられながら理解できるわけです。

　では太陽と地球には相互に重力があるのなら、どうして引き合ってぶつからないのでしょうか。こんな疑問を持ってもいいはずですが、皆さんはどう解決してきましたか。

　これは、引力と遠心力が釣り合うからなので、遠心力が理解できればよいということになります。自動車に乗っていて急スピードでカーブを曲がるとき、あるいはジェットコースターでカーブを曲がるときには体が外に飛び出すようになります。ですから、バイクを運転しながらカーブを曲がるときには、体ごと内に倒してバランスをとらないと転倒してしまうことになります。この遠心力も、感覚的に理解できます。

　さて、ここまで根拠を持ってなんとか合理的に理解しようとして、科学的概念を学習したとしましょう。それでは、地球はすごい

スピードで自転し、かつ太陽の周りを公転しているということになります。たとえば赤道上の物体は、自転だけを考えても、1秒間に40,000,000 (m) ÷ 24 ÷ 60 ÷ 60 ＝ 463 (m) という速さで動いています。そんなすごいスピードで動いたら飛ばされてしまうのではないのか。そう考えると、現実の身体感覚からすると、天動説の方がリアルで、地動説は理解しにくいのです。この場合、慣性の法則は個々の人間にはまず感知されていません。

「そんなこと言ったって、太陽も月も地球の周りを回っているでしょ」という知識、いわば先生が授業で否定しようとしている「天動説」なのですから、あいかわらず生徒の生活的概念としての天動説は健在なのです。つまり、日常生活にとって不都合がなければ、「太陽も月も地球の周りを回っている」という感覚とイメージ、いわゆる生活的概念は残るわけです。

科学的概念を理解しているかどうかテストで調べることにも、困難がつきまといます。

学校では、理科のテストで「太陽は（　　）から出て、（　　）に沈みます」という問題が出てくることがあります。「太陽は東から出て、西に沈む」というように、天動説をごく普通に信じていても日常生活には差し支えないということです。

「ご来光」を拝もうと山頂で待っていると「太陽が昇ってきた」と表現してしまいます。「地球がこっちにこんな角度で自転しているために、あっちに傾いて落ち込むから、太陽が昇るかのように見えるのだ」などと考え直しても、あまり意味はありません。

結局、ヴィゴツキーが言ったように、個人ごとに科学的概念と生活的概念は関連し合いながらも並行して発達していくわけです。

しかも、「太陽は東から出て、西に沈む」と考えるのは、赤道近くの人々です。北極圏に近い北欧では、夏至の頃は太陽が北から出

て、東、南、西と地平線の少し上を一日かけてぐるっと回って、真北の少し西に沈みます。冬至の頃は、お昼に南の地平線の上に少しだけ太陽が顔を出して、南南東から南南西に少し移動して、やはりどちらかと言えばほぼ南から出てほぼ南に沈みます。

　地球上の見る位置によって、一つの太陽があちこちに動き回るというのは変ですから、まあ、地動説で納得しておこうという理屈です。そうでないと、悩み悩んで眠れなくなります。

　太陽も、地球も、月も自転しているのですが、なぜお月さまの模様が何年たっても変わらないのか不思議に思ったことはありませんか。ウサギが餅をついているとか、亀だとか昔の人にも同じように見えたようです。これはいくつかの科学的条件が重なった極めてまれな現象です。

　地球から見て、太陽の大きさと月の大きさがほぼ同じに見えるのも、これまた偶然の出来事です。

　太陽から見て、地球までの距離がほどほどだからこそ、水も空気も地球にへばりついているわけです。地球の半径は6378kmです。ジェット機は、高度1万mあたりを飛行しますが、それより上は空気が薄くて酸素不足となりエンジンが機能しなくなるからです。海洋の平均水深は、4750mです。たとえば、地球を半径63.8cmに縮小してみると、大気圏は1mm程度、海の水は0.5mmです。ほんのわずかにへばりついている程度で、吹けば飛ぶようなものです。代わりはいくらでもあるというものではありません。偶然に出来上がった地球環境だからこそ、それはいかに貴重なものかを知ることが学校教育の価値だと思われます。だからこそ、環境保護をしなければと子どもたちが理性的・合理的に理解できるのです。

　理科（自然科学）の知識は、学校で習っても日常生活で実例を簡単に取り出して確認できません。ですが、人間が自分の感覚で危機を

感じ取れるようになるというのはよほどの危機です。この時には、すでに地球環境の破壊は取り返しのつかないところまで進んでしまっていることになります。

　学校の授業で生活的概念が「学び直し (unlearning)」されて、科学的概念にそっくり取り変わるわけではありません。だからこそ、テストに出そうな知識なら何でもかんでも覚えればよいということではなく、自分たちが生きるために科学的概念をどこでどう使うかという現実的な問題になるでしょう。私たちは、生物としての人間が生きていける地球環境の知識、保健衛生の知識、戦争を引き起こすような政治や経済の歴史などをもっと自覚して、問題解決学習で積極的に、かつじっくりと学ばなくてはならないわけです。

第4章　三次元カリキュラムの教科課程

(1) 概念の深掘り

　教科書に書いてある知識は、他人の構成した知識（知識A）です。

　これを学んで、書いてある通りに理解し、教師に説明されるままに納得すると、自分のことばで構成した知識（知識A'）が出来上がります。

　ことばを覚えるだけで、理解もあやふやなら、元の知識（知識A）のままで終わります。

　友人と話し合って確認したり、探究して、また本当に役立つのか試してみると、あちこちを具体的な状況に合わせて調整することが出てきます。この時、複数の知識を統合したり、いくつかの条件を加えて知識を限定したりして、元の知識を修正することはよくあります。まったく別の結論になる場合もあるでしょう。これは、新しい知識（知識B）を作り上げることだと考えましょう。

　図 4-1 は、ソビエト連邦時代の心理学者レフ・ヴィゴツキーとアレクサンドル・ルリヤが考案し、1930年の原稿（『高次精神機能の発達史』）に書き込んだ三項図式を参考にしています。概念の深掘りを説明できるように、筆者が手を加えたものです。

　破線の部分は頭の中のプロセスで、普通には見えませ

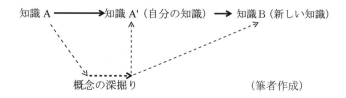

図 4-1　言語に媒介される学びは概念の深掘りができる

(筆者作成)

ん。この子は何を考えているのだろうと、子どものことばあるいは発話者のことばで考えられるのは専門家です。毎日子どもに接して一生懸命話しかける親とか保育士、教師、心理学や教育学の研究者などがやっと読み取ることができるようなものです。中には動物のことばを読み取る達人もいます。

　「主体的で、対話的で、深い学び」、いわゆる探究的な学びをすると、何ができるのでしょうか。結論を覚えるだけなら、知識は元のままであり、考えて、探究して学ぶ必要もなさそうです。なぜなら、それは正解だから考えることもなく、覚えればよいというのが一斉授業の方法でした。

　学んだことを、ことば(文章)や作品(図や立体模型、演技などのプレゼンテーション)で示して、教師にも、他の生徒にも、親にも理解できるようにしようという工夫が、活動主義とかアクティブ・ラーニングと呼ばれるものです。教師や他の生徒たちは、あるいはエキジビションを見に来た親や家族にも本人が何を考え、どう進歩したのかが見えない部分(図の破線部)を推測することで、あるいはインタビューや質疑によって確かめながら理解することができます。ヴィゴツキーとルリヤは、言語や記号を道具として用いることで、思考プロセスを見える化しただけでなく、他者が評価したり介入したり

する手段も考案したわけです。

　生徒の思考プロセスを支援する教師の役割を明確化することで、学びは生徒の責任で、支援は教師の仕事であることがよく分かってきます。

　言葉・ことばは単なる乗り物です。その意味は、文化として社会的に決まっていますので、学習してはじめてことばが使えるようになります。**図 4-2** のように、日本語で知識 A を理解していれば、新しく知識 B を習っても、かなり理解できるわけです。ところが知らない外国語で知識 C を習った場合、さっぱり分かりません。英和辞書を見てもたいてい、複数の意味があります。fall は「落ちる」、「滝」、「秋」などと出てきます。水が落ちるのは滝で、落葉するのは秋、したがって概念の世界で「落下」を押さえておけば、コンテクストからことばの意味を選ぶことができます。つまり、個々のことばの意味の下に概念の海があって、ことばに相応しい意味を選択していくわけです。

　これは本当だろうかという問いは、知識やことばの論理を問うことと、概念の世界まで降りていって知識やことばの意味を問うこともあるのです。

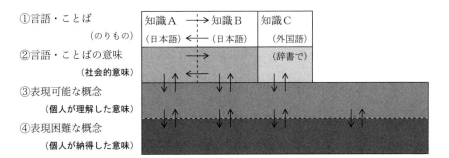

図 4-2　概念があると知らない言葉でも交流できる

　三次元カリキュラムでは、演繹と帰納が瞬時に入れ替わって、理論から実践へ、実践から理論へと思考がめまぐるしく行ったり来たりします。

　一般化され構造化された概念や知識、公式など具体的な事例に当てはめることを演繹といいます。「概念レンズ（conceptual lenses）」を使用するというのも、この演繹的方法を使うことを指します。逆に複数の経験から、共通部分を取り出して一般化して知識を作り出すこと、あるいは自分なりの公式とか行動様式を創り出すことを帰納といいます。知識は、知りたいと思った個人が探したり、協働活動を経験しながら考えて知識らしきものを創り出し、何度か確かめたり、友人に聞いたり、本で調べたりして確信を持てるようになり、「なるほどなぁ」「そういうわけか」と胸にストーンと落ちると、その人の知識が創られます。これを、構成主義といいます。既存の知識や仮説を具体的事例にあてはめて、それが正しいと判断するプロセスは演繹法で、なるほどなぁと感じるところがもう一度、帰納法に戻るわけです。学習プロセスでは行ったり来たりの往還が常に動いているわけです。その多くは社会的関係の中で創られていきますから、社会構成主義と呼んでいます。一人で学ぶことはできないのかと心配される方もいらっしゃるかもしれません。他者と協働して学ぶことに慣れていれば、大丈夫です。自分の中のもう一人の自分と対話しながら、自問自答しながら学ぶことができるはずです。形式的操作期には、一人でも学べるはずです。

　探究型の学びは、生徒側からすると自分起点から授業が組み立てられます。ですが、教師側からすると、カリキュラムのテーマから始まり、学ぶべきテーマを生徒に提示し、「今日は○○について考えてみます」というように、その授業の学習活動を貫く概念を明確化することになります。「これは何でしょう」「○○について考えて

きましたか」から始めてもよいのですが、教える筋道を教師は思案しています。こんなことを生徒が言い出したらどうしようか、プランＡを出して生徒皆が黙ってしまったらプランＢに切り替えるとか、この小道具を使って驚かせるとか、準備をしているはずです。

　クラスの状態によっては、毎週月曜日に一週間の学びを自覚し計画することも可能です。そして、金曜日に、学びの自己評価をすることもできるでしょう。

　教師による勉強すべき概念の提示は、演繹的に行われます。

　教科書を使うか、他の資料や教材を使うか、グループ活動に入るか、さまざまな方法で生徒は個々の課題を解決しながら経験をし、思考し、考えたことをことばに直します。生徒たちがことばにした複数の多様な見解を、生徒たちがさらに一般化して、より高度な知識を構成するように教師は働きかけます。この場合、厳密な学年カリキュラム通りに勉強を成立させるか、長期的な帳尻合わせを想定して生徒が探究する自由度が高い学習を認めるか、教師は判断を迫られます。しかし、正解を覚えることよりも自分で、あるいは自分たちで考える探究型の学習プロセスは、生徒にとってはこの思考の方向は帰納的です。生徒と一緒に問題解決にのめり込む教師の思考は帰納的ですが、しかしさらに、「生徒たちの思考はどこまで一般化されたのか」と評価し今後の指導を模索する教師の思考は、演繹的になります。そしてまた、自分たちの学んだことを、教科書や資料、あるいは他のグループの学びと突き合わせるプロセス、さらにまた自らの学びを自己評価する時には、思考プロセスは演繹的になります。

　このように、人間の思考は、演繹と帰納との間を行ったり来たりしているわけです。同様に、個々の要素に分けてチェックすることを分析と呼び、個々の要素を集めて全体を組み立てることを総合と

66

言いますが、この分析と総合という思考も行ったり来たりします。なぜなら、私たちがものを知る、理解する、創り出すというようなことはとても複雑なことで、相手に合わせてことばで表現できる論理は、ことばを飛び飛びに連鎖させた、隙間だらけのつなぎ合わせにすぎないからです。

(2) リン・エリクソンの概念型カリキュラム

①三次元カリキュラムの提案

　図4-3のような三次元カリキュラムは、2012年に、リン・エリクソンから国際バカロレア(IB)機構に向けて提案されました。この文献(Erickson 2012)は、IB関係者に読まれてきただけでなく、ネットで広く公開されています。

　リン・エリクソンが、二次元カリキュラムから三次元カリキュラムに転換を図った歴史を見てみましょう。

　二次元カリキュラムは、知識(事実の集まり)と技能(スキル)から組み立てられていました。(本書38ページ)では、その知識について考えたり、探究したりして、あるいは協働活動や物作りなどでスキル

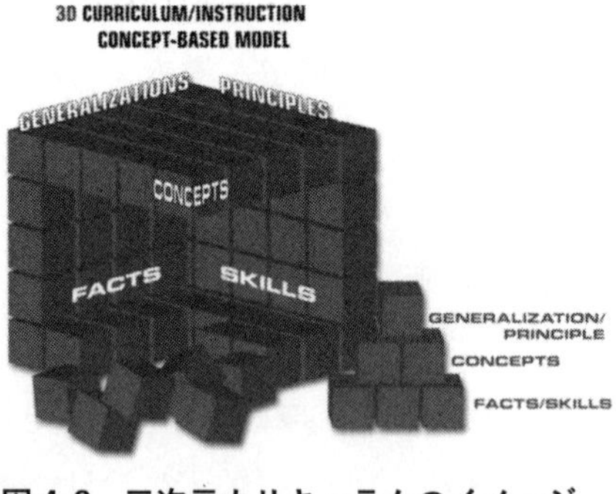

図4-3　三次元カリキュラムのイメージ

(Erickson and Lanning 2012：4)

を使うときに考えたり、力を調節したりする働きは何がつくり出し
ているのでしょうか。また、理解して、納得すると、何ができるの
でしょうか。

　米国でカリキュラム研究を始めたヒルダ・タバは、それは概念
（concept）だと考えました。理解もできないのに言葉だけを教え込む
のは、「疑似概念」を押しつけるようなものだとも、判断しました。
このような思考メカニズムの分析は、英訳されて間もないヴィゴツ
キーの『思考と言語』から米国の研究者たちは学びましたが、タバ
もその一人だったのです。

　概念型カリキュラムでは、授業の焦点（focus）は、「バラバラの事
実を記憶すること」から「世代を永続させること」、および「概念を
組織することと、テーマ・トピックとに関連する諸原理」とを「理
解すること（understanding）」へと転換するのだと、リン・エリクソン
は説明します。

　エリクソンが「概念」を加えた初期のカリキュラムモデルは、**図
4-4** のような「三位一体型カリキュラムモデル（Tripartite Curriculum
Model）」（Erickson 1995：75）です。「概念的理解、知識のクリティカルな
内容、個人的な発達過程との間のバランス」を示していると、彼女
は言います。

　そして、さらに、カリキュラム改革の方向は「より深い授業と学習」
へ、「より高度なレベルの思考」へというものになる。この結果「よ
り高度なレベルのスキル」が発達させられ、トピックに依拠するカ
リキュラムから概念型カリキュラムへ、低い秩序のスキルから高い
秩序のスキルへ、学習経験における意味のない活動から意味ある
活動へと転換していくことになるのだと呼びかけています（Erickson
1995：76）。

　2007 年の著書では、**図 4-5** のようなデビッド・フォード（David

68

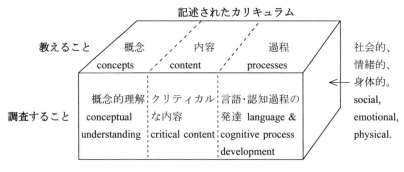

図 4-4　三位一体カリキュラムモデル（1995 年）

（Erickson 1995：75）

Ford）作成の図から立方体イメージを着想しての漫画から着想して、
「概念型カリキュラムと教授デザインは、*三次元に*（*three-dimentsional*）な
る」という結論に至りました（Erickson 2007：7）。

　エリクソンの見解をデビッド・フォード作の 6 面体にあてはめて
みると、**図 4-6** のようになります。

　2008 年になると、彼女は、『頭と心と魂を覚醒させる・第 3 版』
（Erickson 2008）において、「伝統的な動詞主導型『内容対象』(traditional
verb-driven "content objectives") から離れるというアイディアを議論する」
こと、「それに代わって、教師のためにクラスのカリキュラムにお
ける三つの決定的要素を提供する」と言って、**表 4-1** のように「三
つの決定的要素」として提示しました（Erickson 2008：15-16）。

　そこで言われていることは、教科の内容となっている知識を対象
にして「覚えなさい」「理解しなさい」と動詞で授業を進めていくこ
とをもう止めようというわけです。

　二次元カリキュラムとの決別を、エリクソンは、

　　「事実を知るということはより深い概念的理解の証拠であると
　　いう、ミスガイドした仮定に依拠しているので、伝統的に、カ

図4-5　イラストからエリクソンが着想したイメージ（2007 年）

（Erickson 2007：7）

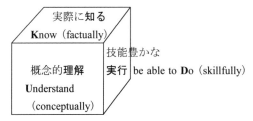

図4-6　エリクソンの三次元モデルを図示すると（2007 年）

（Erickson 2007：7）を参考にして筆者が作成

表4-1　カリキュラムを構成する三つの決定的要素

1．生徒は**理解する** Students will *Understand*
転移可能な一般化 / 永続する理解 Transferable generalization/enduring understandings
例
システムは相互依存している。（マクロレベル）
Systems are interdependent.（macro-level）
生命体は変化する環境に適応する。（ミクロレベル）
Organisms adapt to changing environment.（micro-level）
整数、分数、小数を包括する有理数は、標準概念あるいは科学的概念と同等形態として表現され得る。（ミクロレベル）
Rational numbers, including whole numbers, fractions and decimals can be expressed in equivalent forms of standard notation or scientific notation.（micro-level）

70

2. 生徒は**知る**　Students will *Know*
事実としての知識、記憶された知識　Factual knowledge, memorized knowledge
一般論を理解するためのクリティカルな事実としての知識
　　　　　　　　　　Critical factual knowledge for understanding the unit generalization (s)
単元のトピックを扱うコンピテンシーのためのクリティカルな事実としての知識
　　　　　　　　　　Critical factual knowledge for competency with the unit topics
時間、場所、状況に固定された、転移できないもの
　　　　　　　　　　Nontransferable -- locked in time, place or situation
例
ニュートンの法則 Newton's Laws
重要な語彙 Key vocabulary
アメリカ合衆国独立の原因 The causes of the American Revolution
歴史的な図形表現の名称と貢献 The name and contributions of historical figures
二次方程式の領域を見つけるための公式 The formulas for finding the area of quadratics

3. 生徒は**為すことができる**（過程／スキル）Students will be *able to Do*（Processes/skills）
（数学者や芸術家など）専門家が職業で使用する「一連の」過程／スキル
　　　　　　　The "set" of processes/skills that professionals use in their work
　　　　　　　　　　　　　　　　　（the mathematician, artist, etc.）
科目内のプログラムを横断した、時には科目横断的な転移（たとえば、言語的な
芸術あるいは数学的なスキル）　Transfer across applications within a discipline and at
　　　　　　　　　times across disciplines（e.g., language arts or mathematics skills）
特殊なトピックと関係していないこと（特殊なトピックへのスキルを結びつける
ことは、個人の活動か実演とする）　Not tied to a specific topic（attaching a skill to a
　　　　　　　　　specific topic makes it an activity of a performance）
例
科学的データを表示するために表、グラフ、図を作成する
　　　　　　　　　　　　Create tables, graphs and charts to display scientific data
歴史的情報を評価するために一次資料と二次資料を分析する
　　　　Analyze primary and secondary source documents to evaluate historical information
テクストになった暗示的および明示的言語の使用を分析する
　　　　　　　　　Analyze the use of connotative and denotative language in text
意味を決定するための読解において、コンテクストの手かがりを使用する
　　　　　　　　　Use context clues in reading to determince meaning

(Erickson 2008：15-16)

リキュラムと教授は、知る、できるというデザインの比較的二次元的のままになっている。」(Erickson 2007：7)
と語っています。言い換えれば、知識があればその知識を理解していると解釈してしまったので、知識とスキルを教えるだけの二次元カリキュラムがこれまで続いてきたのである、というわけです。

　そこで、エリクソンは、国の示す歴史標準(standards)を「覚えなさい」とか「理解しなさい」と言うのではなく、「〜を理解するために」、「合衆国のさまざまな地域における経済的な差異を特定しなさい」とか「(過去から現在までの)テクノロジーにおける変化を比較しなさい」というように、概念形成を促すように、「〜しなさい」と教師は生徒に指示すべきだと提案します。

　この「特定する(identify)」とか「比較する(compare)」という思考プロセスを作ることこそが、授業で学ぶべき「概念」だとエリクソンは言うわけです。別の言い方をすると、「なぜかを知ること(know-how)」が授業で考えるべき重要概念だと見なすわけです。

　「特定しなさい」「比較しなさい」というこの二つの指示は、授業中に教師が生徒に発する「課題指標」となって、「(教育)内容の『対象』という伝統的な様式で、トピックに沿って提起されるもので、動詞として書かれている」とエリクソンは言うのです。

　知識を「覚えなさい」とか「理解しなさい」という動詞ではなく、なぜそうなるのか「考えなさい」、どんな違いがあるのか「特定しなさい」、どんな変化が起きているのか「比較しなさい」というような、どう理解するのかを示す動詞となる「概念(know-how)」を授業の課題にすべきだと彼女は言うわけです。

　「覚えなさい」とか「理解しなさい」と言って生徒に標準知識を覚えさせるようなことは、「これらの対象を運び出す能力が理解の根拠であると仮定していることである」から、つまり、言葉を知って

いれば理解していると誤解することに他ならず、これでは、「三次元の概念理解 (*conceptual understanding*) に生徒たちを導くことに失敗する」とエリクソンは断言しています (Erickson 2007：7)。

　エリクソンが考案したのは三次元モデルですので、この「三つの決定的要素」は、表 4-1 のように「理解する→知る→為す」という順に発達が起きると指摘しているものではなく、「知る→少し理解する→応用・活動する→十分に理解する」などと 3 次元に絡み合っていると解釈すべきでしょう。

②三次元カリキュラムにおける問い

　つまり、よく考えなさいと言う前になぜそんなことを問題にしなければならないのかという問いかけが必要だと、エリクソンは言うのです。単元のテーマに基づいて教科書に書かれている知識を生徒が理解するように、教師が問いかけたり、作業するように、動詞で指示をするだけでは概念型カリキュラムではないというのです。

　そこで、エリクソンは、

　　「ある地域の地理と自然資源が経済を創り出していることを理解するために、合衆国のさまざまな地域における経済的な差異を特定しなさい」(Erickson 2007：7)

とか、

　　「促進的テクノロジーは社会の社会的で経済的な様式を変化させるということを理解するために、(過去から現在までの)テクノロジーの変化を比較しなさい」

というように、常に意味づけをして概念を覚醒させながら、生徒が目的をはっきりさせて自分の意思で探究するように授業進行のことばも概念型に書き直すべきだというわけです。

　このような教育理論の考察を踏まえて、リン・エリクソンは、

　　「現行の、国のアカデミック標準は、事実としての知識、概念
　　的理解、重要過程と重要スキルという三要素の違いをはっきり
　　と区別することに失敗している」

と言って、国の教育政策の問題点を指摘しているわけです（Erickson
2008：16）。リン・エリクソンの頭の中にも、知識を系統立てた教科
書を使った、知識を教え込む授業という発想はないようです。

　ヴィゴツキーは、科学的概念の教授を授業の目的としてとらえ、
生徒はその科学的概念を理解し、使えるようになることを生徒の学
習ととらえました。リン・エリクソンは、その代わりに、教師が概
念を計画的に提起して授業を進め、また経験的な学習過程の中で実
行力となるスキルを身につけるように支援する授業を期待していま
す。教科書や教材が提示する知識内容そのものを理解して覚えるこ
と、つまり「何かを知ること（know-what）」を授業で行うべき概念理解
だとはとらえていません。考え、探究し、理解していくプロセスの
付け方、「知るためにはどうやって探るのか（know-how）」こそを概念
理解だと考えているようです。生徒は、「なぜそうなるのか」とい
う概念を明確にしながら学び、結果的に新しく学びつつある知識を
クリティカル・シンキングして確認し、自分の頭の中に新しい知識
を作り出し、また合理的で実践的なスキルも習得するというわけで
す。

　言い方を変えると、教科書や教材をきっかけに生徒自身で知識を
形成していくこと、どのように考え、探究していくかという思考の
筋道を付ける「重要概念（know-how）」を用いて新しい知識を獲得して
いくことです。いわゆる社会構成主義が求められているわけです。
各自が考えて理解した範囲で、それぞれが自分なりの知識をもつわ
けですから、知識は多様になってしまいます。だからこそ、知識を
覚えることを授業の目的にはせずに、何のために何を調べるのかを

自覚して作業する授業にすべきだということになります。

　リン・エリクソンは、授業を展開する適切な概念を抽出する方向に研究を注いでいきました。

　米国で教育コンサルタントをしているロイス・ラニング (Lois A. Lanning) は、エリクソンから、

　　「概念型カリキュラム (concept-based curriculum) は、カリキュラム・デザイン、教授、評価の水準を上げる」(Erickson 2008：28)

と引用しながら、

　　「教科の重要概念 (アイデア) が学習の運転手となる時に、それらをさまざまな状況にも転移する (transfer) より深い理解へと生徒を導くのである。基本的なスキルと、知識 (事実) のクリティカルな内容は、概念型カリキュラムの重要な要素であり続けるのだが、しかし、概念を取り入れることは、より複雑なスキルや実例と関連付けることによって、生徒の思考と、学習の記憶を高めるのである。」(Lanning 2012：7)

と解説しています。ここでは、「教科の重要概念 (アイデア)」が、リン・エリクソンが言う概念レンズの役割を果たすと説明されています。ラニングは、アンダーソン (Lorin Anderson) とクラスウォール (David Krathwohl) たちの『改訂版タキソノミー』から、次のように引用しています (Anderson *et al.* 2001：70)。

　　「生徒たちに習得された『新しい』知識と以前の知識との間につながりをつける時に、生徒たちは理解するのである。『より明確に言うと、参入しつつある知識は、既存の図式や認知枠組に統合されるのである。諸概念はこれらの図式や枠組の建築部品なので、概念的知識 (*conceptual knowledge*) は理解の基礎を提供する。」
　　(Lanning 2012：22)

ラニングは、既知の知識と新知識とを概念レンズで見比べてつなが

りを付ける時に、「重要概念」を使って理解し、一般化し、構造化するという手順を考えています。概念構造を知識の中に確認しておくことは、概念が知識を作り上げていることと、概念は知識と同じように構造化されているということを意味します。

　知識と技能(スキル)で組み立てられていたカリキュラム理論に「概念を取り入れる」ことが、授業論にも決定的な変化を及ぼすというわけです。

③リン・エリクソンの説明

　リン・エリクソンの言い方ですと、学習中の経験から得られた知識に高次の概念、いわゆる「重要概念」のどれかを「概念レンズ」として使用してみます。いわば勉強すべき「科目の諸重要概念や諸原則 (key concepts and principles of a discipline)」(Erickson *et al.* 2017：11、エリクソン他 2020：16) という観点で学びつつある知識や課題を理解してみます。うまく理解できれば既存の概念に同化されます。はみ出てしまう部分があれば、既知の他の概念を探すか、新しい概念を構築することになります。

　リン・エリクソンの授業構成では、教科の単元で学ぶ「概念」は、「一般化された原理」あるいは「一般化された知識」のことになります (**図4-7**)。

　エリクソンの説明を三次元座標に置き直すと、**図4-8** および**図4-9** のように描けます。新しい知識を学んだときには、まだよく理解されていません。図の最下層に位置します。「概念 (know-how)」である重要概念を「概念レンズ」として用いて、教科書に書いてある知識を「概念 (know-what)」として勉強します。「低次の概念」を解釈し、点検し、理解すると、その知識も一般化され「高次の概念」となります。

図 4-7 概念一般化のイメージ

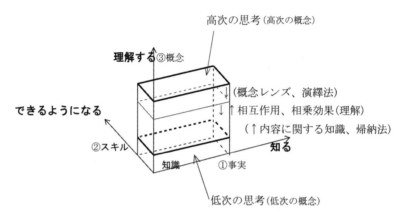

図 4-8　提示の概念から高次の概念へ

(筆者作成)

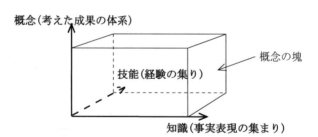

図 4-9　エリクソンの三次元モデルを座標軸にすると

(筆者作成)

④概念形成構造の構築

　三次元カリキュラムにおいては、教科書で学びつつある経験知と、調べ学習で探究した歴史的・社会的に確認されている知識との統合をはかり、授業におけるコラボレーションの中で自律して概念構造を構築していきます (Erickson *et al.* 2017：7-9、エリクソン 2020：10-12)。

　知識が何層にも重なっていくと、知識を意味のうえでグループ化し、それらを一般化して (generalize) 概念を生成することもできます。さらに、概念や知識を体系化、構造化して新しい概念を創造することもできます。概念自体も、人間の思考によって、高度な概念にまとめ上げられることになります。このような具体例から一般化した知識や法則や概念を作り出していく思考方法を帰納法と呼びます。

　生物の系統図 (概念構造) に見るように、知識の概念理解にもレベルがあります。たとえば、新種の生物が発見されたとき、この生物は系統図のどこかのレベルに位置づけられ、そこに新しい生物概念として分類されることになります。新しい知識の学習は、単なる知識の増加ではなく、概念理解のどこかに位置づけられ、整理されるわけです。どこにも位置づけられないとなると、一般性 (共通性) を再定義して一般化の構造そのものを取り替えなくてはなりません。

　知識を丸暗記するのではなく、知識の内容を理解し、意味の上から概念化し、この概念をもとに知識を点検することは演繹法です。よりよく整理して、必要に応じて新しい表現に変更できることは帰納法です。

　シャチが哺乳類であるという知識を学ぶと、「水の中で魚のように生きる哺乳類」という概念にシャチという具体例が加わります。友人とコミュニケーションしている時に、「鯨もシャチも赤ちゃん産むんだよ」というような知識を構成できます。

⑤概念の内部構造

　速さの概念には、「距離」または「長さ」と、「時間」という少なくとも二つの下位概念が含まれます。科学的定義は、（速さ）＝（距離）÷（時間）だからです。

　個人的な体験から得られた知識として、「走ると顔に風が当たる」「周りの景色が飛ぶように変化する」「新幹線が時速200キロで走る時の車窓の風景」などが、速さの概念の要素となります。ことばにならない経験や、とりたてて自覚していない感覚もあるでしょう。

　速さの概念（**図4-10**）に、より科学的な検討を加えられることで、速度の概念（**図4-11**）ができあがります。速度の概念には、方向の概念が加わります。速さはスピード系の目盛りのように数値で、つまり一次元の直線でとらえられますが、速度は向きと大きさを持ったベクトル、つまり三次元の動きとしてとらえられます。したがって、速度は科学的概念ですが、速さは生活的概念が拡大しているものと解釈できます。「川の流れに逆らって泳ぐのは難しい」とか、「今回は追い風だったので飛行機は速く到着した」などという体験から、速度に関する知識は構成されていきます。このような生活的概念は、関心がないと、日常生活では見過ごされてしまいます。

（3）ヴィゴツキーがとらえた概念形成のプロセス

①高レベルの概念

　概念型カリキュラムによってコンセプト・ベースの教育を行おうとすると、三次元カリキュラムを構想しなくてはなりません。

　授業の中で概念形成するには、生徒たちは自分から帰納的に探究型の学びをします。教師は、授業で教えるべき重要概念を意識しています。逆向き発想で演繹的な生徒の探究を導こうとします。ある

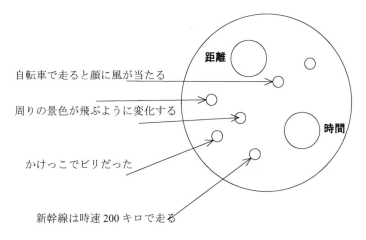

図4-10　速さの概念

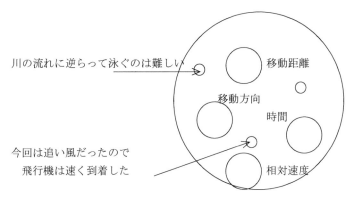

図4-11　速度の概念

いはまた教師は、サブジェクト・マターの理解に必要な概念の向上に向けて、生徒の経験を新たに構築しようとします。教師は、目標とと生徒の経験との間を行ったり来たりするわけです。すると生徒も、「本当にこれでうまくいくのだろうか」と、自分の考えそのものをより高い立場からリフレクションし始めます。これが、後に（本書135ページ）説明する「コート掛け」の実践になります。

ヴィゴツキーは、概念形成のプロセスを次のようにとらえました。
まず、実際の概念形成について、

> 「問題解決の過程は、実際の概念形成と一致している。……機械的な集計によって具体から抽象への徐々の移行を通じて行われるものではなくて、上から下へ、一般から特殊へ、ピラミッドの頂上から基礎への運動は、抽象的思考の頂上へという逆の上昇過程でもあってこれがまさしく特徴となっている。」
> （Выготский 1982：129、ヴィゴツキー 2001：159）

とヴィゴツキーが分析するように、学習目標となる高レベルの概念と、学習経験を始める低いレベルの概念という、頂上と基礎、演繹と帰納、一般と特殊との両面からの相互運動が同時に起きるようです。具体的には、彼は、次のように表現しています。

> 「概念は、静的な孤立したものではなく、思考および問題解決という生きた過程のなかでとらえられる。」
> 「最初は概念を形成する[26]過程である。次に、形成された概念を新しい対象へ転移する[27]過程。その次に、概念を利用する自由な連合の過程[28]。そして最後に、判断の形成に概念を適用し[29]、新しく発展した概念を定義する[30]。」（Выготский 1982：129、ヴィゴツキー 2001：159、Vygotsky 1987：128）

言い直しますと、まず、すでに作られた概念があります。それを、他の事例にもそのまま当てはめます。これをヴィゴツキーは、「転

移（перенесение、transfer）」と呼びます。転移は、変更なしにそのまま移すことです。次に、その事例に当てはめてみます。既存の概念がそのまま適用されるものなら、新しい対象、つまり新たに学んだ知識や下部概念を吸収し、同化します。この場合、概念そのものは変化せず、適用事例が1件増えただけです。

　概念の定義をそのままあるいは修正して、既存の概念を拡大する形で吸収、統一できる場合には、概念の質を高めて対処できます。

　吸収、統合する概念を個人が持ち合わせていない場合には、新しい概念を生成し、概念構造のどこかに位置付くように定義します。あるいは、概念体系の系統図を書き直すようなことも起きるかも知れません。ここが、帰納法的思考、社会構成主義なのです。

　このように、ヴィゴツキーは、概念の「形成」、「転移」、「連合」、「適用」、新しい概念の「定義」というように概念形成のサイクルを整理しました。

　リン・エリクソンの概念型カリキュラムでは、理解するプロセスを一般化した「重要概念」をあてはめながら生徒たちを探究させます。生徒たちは、対象が理解できたら、それを知識として構成したり、ことばに表現し、あるいは行動で表現したり具体的な事物を作るなど製作します。

　ヴィゴツキーの着想が、回り回ってリン・エリクソンの概念型カリキュラム論に行き着いていることもわかります。

②概念型カリキュラムで形成される概念の豊かさ

　たとえば、クジラとサメはどこがどう違うのかを調べるとき、図鑑で調べれば答えはすぐに出てきます。それを生徒から自分たちで考える授業をしてみましょう。

　個々の具体的知識から概念を組み立てていく思考スタイルを、帰

納法と呼んでいます。まず、生徒が知っている具体的な知識を出してみます。海に住んでいる。深いところまで潜ってえさを食べている。時々水面に上がってきて、潮吹きをしている。これは魚だろうか。このような意見がでてきます。

　上から当てはめる「高次概念」は、海にいる生物だから「魚類」という概念レンズで見てみようかというようなことです。「重要概念」で言うと、比較、対照という探究方法を試すことになります。

　魚はエラ呼吸をしている。魚は卵を生む。けれどもクジラは、赤ちゃんを連れて泳いでいるから魚ではない。では何だろう。

　こうした演繹法を使って、クジラは魚類ではないという知識ができあがります。

　そして、魚類と哺乳類という複数の概念を使って授業の最終局面では、「クジラは哺乳類である」という知識にたどり着くことになります。ここは帰納法です。三次元カリキュラムは、演繹的思考と帰納的思考を繰り返しながら、概念構造のレベルアップを図るわけです。

　知識と技能（スキル）で組み立てられていた二次元カリキュラムに「概念」を組み入れる」と、考えたり、探究して、「知る」と「できる」がうまくつながって見えてくるわけです。これが三次元カリキュラムということになります。

　こうして、本書 39 ページの図 3-3 は、**図 4-12** のようにつながります。それを詳しく書き直すと、**図 4-13** になりますです。

（4）考えたり探究したりすると概念が形成される

①思考とことばの差

　文科省関連の審議会が提起している「学力の三要素」に、思考力・

知る	理解する	できるようになる
事実 know what →知識	知識→概念	スキル→コンピテンス
(explicit knowledge)	know why	know how, know who
(implicit knowledge)	(implicit knowledge)	(implicit knowledge)

図4-12 知識・概念・スキルの関係

	学びとリフレクション(leaning and reflection)		
	知る(knowing)	考える(thinking)	できる(can do)
伝統的教育	知識体系の断片的内容 (contents)が知識(knowledge) 教育 　他人(研究者・専門家)が作 成したものを詰め込むこと (instruction by teachers) ---------------------- 教育の成果は知識・技能	理解する 教えられたまま正確に 覚える勉強(study)	練習問題など与えられ た状況のみに使用 為す力(performance) 能力の表現
新しい教育	知識A (社会的・客観的な official 　knowledge) 教育 　文化で人間を育てる (education) ---------------------- 知識B 　(属人的な tacit knowledge) 生活から知識構成 興味を持って調べる教育 　(inquiry) 生活と文化をつなぐ	クリティカル・シンキン グ(critical thinking) 　理解し構造化する 学習(learning) 探究(inquiry)	未知の状況にも知識 や技能を使用する 　課題に合わせて計画 的に知識や技能を集め 総合して使用する 為す力(competence) 課題解決
	為すことで学ぶ ←――――――――――――――― 成果 →将来展望 (やり方を変える)		

図4-13 知る・考える・できる

(福田誠治 2021a：38)を修正

　判断力・表現力等というものがあります。

　では、人間が考えると、何ができるのでしょうか。ヴィゴツキー
は、複雑なことを書き残していました。

　　「思考とことばとの関係は、この場合ことばと思考の過程が一
　定の部分で一致することを示す二つの交差する円によって図式
　的に表すことができよう。その部分というのは、いわゆる言語
　的思考の領域をさす。しかし、この言語的思考は、思考のあら

ゆる形態、ことばのあらゆる形態をおおうものではない。言語
的思考と直接の関係は持たないような思考の大きな領域がある。
これに入れなければならないのは、まず第一に、ビューラーが
指摘しているように、道具的・技術的思考、一般に実践的知能
と呼ばれる領域すべてである。これらは、最近になってはじめ
て熱心な研究の対象となったものである。」(Выготский 1982：110、
ヴィゴツキー 2001：135-136、Vygotsky 1987：115)

この説明を図示すると、**図 4-14** のようになります。人間は、言語
を用いる思考と、言語を用いない思考との、二つの思考ができると
いうことです。しかも、後者は「思考の大きな領域」とわざわざ書
いています。さらに、しかもなのですが、人間は二つの思考を同時
に行うことができます。

　芸術家が、直感と呼ばれる思考で全体のバランスや全体のつなが
り、肌触りの心地よさ、光の微妙な違いを感じ取り、作品を作り出
していく思考もあるでしょう。料理人が、素材を生かし、見栄えも
よい、そして最も重要な味をさまざまなソースから作り出していく
思考もあるでしょう。言語に基づく合理的な論理を使わないで感性
とか直感で思考した成果、言語では語り尽くせないこのような知識
を、暗示知とか暗黙知と呼んでいます。

　一般に、単語として「言葉」、言葉が集まって文になったものを「こ

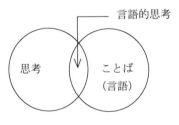

図 4-14　思考とことばの結合

とば」、単語と文法でできることばの体系を「言語」と呼び分けられます。厳密にはそうもいきませんが、本書でもこの三つに分けて使います。

　記憶される思考の成果は、**表 4-2** のように 3 種類になります。

　言葉の意味は、社会化され、多くの人々によって歴史的にまた文化的に一般化され、体系的で構造的な意味、社会的に辞書や辞典としてまとめられるような「語義」へと定着します。観念 (idea、考え、イメージ) のうち、はっきり定義できる言語を用いて理論的、合理的に構成されたものを「概念」と呼びます。ヴィゴツキーは、日常生活、経験から、直感的な思考で、一定の合理性を持って形成された観念を文豪のトルストイの教育活動を尊敬して「生活的概念」と名付けました。

　社会で一般的に使用される言語、これを外言と呼びます。この外言をもとにして、自分の思考の道具として使うようになった言語を内言と呼びます。子どもが同じ言葉を使って大人とコミュニケーションしているからといって、意味が同じだというわけではありません。子どもが到達している思考の構造を使って子どもは言葉を覚えていきますから、大人とは違う意味を学習していることになります。

表 4-2　個人に記憶される思考の成果

思考の型	思考で形成される成果	知識の種類
内言の思考	内言としての思想 (思索)	暗黙知
言語的思考	①高次精神機能、科学的概念 ②低次精神機能、生活的概念	明示知 暗黙知 (暗示知)、経験知
道具的・技術的思考、実践的知能	身体的なイメージ	身体知

(筆者作成)

②知識から概念を生成する

　では知識はその場かぎりの思いつきかというと、それでは社会生活に困ります。

　そもそも、言葉は社会生活の中で生成されますから、人間関係によって、社会環境によって、活動する経験によって、言葉は常に修正され、概念もまた刻々と発達していきます。親が子どもと一緒に積み木をしたり、子ども仲間で砂場遊びをしたり、大人が表情豊かに本を読んだり、そして、学校で教師が教材を使って問いかけをしたり、グループ学習をしたりして、知識もまた修正され、発展していきます。このように社会的な関係の中で個人の能力が形成されるととらえる立場を、社会構成主義と呼びます。前述しましたが、時には自問自答しながら個人で学ぶことも含まれます。

　こうして人間は、社会的な言語やことば、あるいは記号を使ってコミュニケーションしていますが、その中身はそれぞれの概念を交わしているわけです。当然に、解釈のずれが生じてきます。互いに意見が違う場合には、どこに問題があるのかを見つけるために、より深いレベルで論理的なコミュニケーションが必要になります。

③水溶液という概念

　水100gに砂糖1gを溶かしました。この水溶液の濃度は何%でしょうか。こんな問題を、解いたことありませんか。たいてい、水溶液が101gであることを忘れてしまいます。

　この問題を理解するには、二つの困難があります。一つは、液体だから、体積の問題だとこだわると、水100gは100mlだけど、砂糖の体積はわからないということになって、問題は解けなくなってしまいます。

　二つ目の難点は、重量濃度という重さの問題なのだと理解しても、溶けてしまったのだから水溶液とは水のことだろうと思ってしまい、ついつい、1％と答えてしまいます。

　水の体積は増えたように見えないけど、飲んでみれば確かに甘いので、砂糖は水に溶けています。見えないけど、そこにあるのです。ピアジェの実験のように、質量保存の法則です。疑問に思えば、砂糖水を温めて水を蒸発させれば砂糖が見えるようになります。砂糖の分子は、水の分子の隙間に、化学反応しないでそのまま溶けていると考えられます。このように水のようなある物質が他のさまざまな物質を溶かすことを「親和性 (affinity)」と呼んでいます。

　水溶液の概念は、体積もしくは容積の概念、質量の概念、分子の概念、溶解 (溶ける) という概念を使って理解し、「水 100g に砂糖 1g を溶かすと 101g の砂糖水ができる」という知識、$1 \div (100 + 1) \times 100$ という計算スキルとを組み合わせて解答できるわけです。この総合力をコンピテンスと言います。

　溶解の概念は、化学反応しないで、単なる粒子の結合ということです。

　結合の概念は、粒子の隙間を埋め、均質に配置するナノテクノロジーという知識やスキルとなっています。今日では炭素素材とか、鉄より固くて軽い「紙」が人工的に創造されていることも報道されています。

　さまざまな粒子をコンピュータでデザインし、3D プリンターで結合していくと、なんと肉まで作れるようです。2021 年 8 月 31 日に、大阪大学や凸版印刷などの共同研究グループが、和牛肉の構造に近い培養肉を作る技術を開発したと報道されています。肉の柔らかさも調節できるそうです。

　水は、様々な物質を溶かすという「親和性」という結合する特徴

を持っている、とまとめればこれはひとつの知識です。

④概念は小宇宙——学習の成果は言語で測れるか

　日本の学習指導要領は、思考や判断することを、理解するとか認識すると表現しています。では、理解したとか認識したということをどうやって確かめるのでしょうか。

　日本の学校教育では、個々の言葉（単語）や公式を覚えて、特定のコンテクスト（文脈）の中で使える、あるいは会話の中で違和感なく使えれば理解したとか認識したと判断することにしています。これをコンテンツ・ベースと呼んでいます。

　括弧の中に適切な言葉を入れなさいという、皆さんがよく知っているテストの形式です。森鴎外の作品を次の４つの中から１つ選びなさいという問題に正解すれば、森鴎外の文学を理解している、あるいは明治の文学をある程度理解していると解釈されます。コンテンツ・ベースの教育は、コンテクストの中に言葉を当てはめれば、つまり適切な言葉を知っていれば、理解した、認識したと解釈するわけです。

　では、「太陽は（　）から出て、（　）に沈む」という文のかっこ内に「東」と「西」を入れれば、何を理解したことになるのでしょうか。天体の動きとして、地動説を理解したことになるのでしょうか、それとも地球の自転を理解したと言えるのでしょうか。

　「鎌倉幕府は何年に成立しましたか」というテスト問題で、正解できたら何が理解され、認識されたことになるのでしょうか。

　コンテンツ・ベースの教育の最大の欠点は、個々の言葉だけからは各自が使用する言葉の意味を概念としてとらえられないことでしょう。正しいことばを解答したとしても、もしかしたら、全く意味が理解されていないことや、全く逆の意味で使われているかも知

れません。

　言葉の理解、ことばの使い方には、心理学者のピアジェが指摘したように発達法則があるようです。言葉の理解は、言葉の意味の体系的な構造として、全人的に変化していくものです。

　ヴィゴツキーは、『思考と言語』の最後を次のように味わい深い節で締めくくっています。

　　「意識は、太陽が水の小さな一滴にも反映されるように、言葉のなかで自己を表現する。言葉は、小世界が大世界に、生きた細胞が生命体に、原子が宇宙に対応するように、意識に関係する。それは、意識の小世界でもある。意味づけられた言葉は、人間の意識の小宇宙である。」(Выготский 1982：361、ヴィゴツキー 2001：434、Vygotsky 1987：285)

　ある個人の使う言葉は、どの言葉をとってもその人間の全人的な意識のある側面を、つまり個々の部品ではなく意識全体の一つの切り口を見せているというのです。考えたことすべてを言い表しているわけではないけれど、その人らしい考え方がにじみ出ているというわけです。同じことを、次のようにも表現しています。

　　「このような分析によって到達する単位は、統一的なものとしての言語的思考に固有な性質をもっとも単純な形態において内に含んでいる」(Выготский 1982：297 、ヴィゴツキー 2001：356、Vygotsky 1987：244)

　概念ともなると、言語を用いた思考には、その個人だけでなく、大勢の人の思考が歴史的にも文化的にもたくさん蓄積しています。そのような意味のつながりが、言葉の中身を決定しています。言語的思考の成果は「統一的なもの」であり、一つひとつの言葉には「最も単純な形態」ながらも「統一的なもの」が現れてきます。

　言葉を本当に理解しているのかを見抜くには、その言語がどのよ

うな場面でどう使われているのか、具体的な「言葉(words)」のつながり、いわゆる「ことば(speech)」としてその場の環境・状況と関連づけて推測する他ありません。差別や偏見は、ついつい口が滑って一つ二つの差別的な言葉を使ってしまった、という問題ではないのです。そういう言語を使うことが許されるというような環境・状況で、本心が語られていると考えるべきでしょう。

　たとえば、「環境」「人権」「自由」「民主主義」といった言葉は、科学的概念と生活的概念がミックスして意味の構造、意識の内容を形成しますが、それは小宇宙です。言葉を知っているというだけではどこまでどのように理解したのか、認識しているのか、つまり小宇宙が推測しがたいわけです。むしろ、評価する側の人間の教養の程度によって、相手の意味の読み取り方も異なり、評価も異なるということでしょう。教師の専門性は、生徒が表現できない概念の小宇宙を上手に引き出して、行き詰まっている論理のしがらみをほぐしてあげることかもしれません。

⑤科学的概念と生活的概念の特徴

　ヴィゴツキーから繰り返しの引用になりますが、小学校中学年頃になってやっと、演繹法が使えるようになるという指摘の部分です。知識を具体的な事例に適用するにも複雑な思考プロセスが必要だということと、複数の事例に適用して確信を持つ必要があることがわかります。人工知能(AI)は、際限なくデータを集めてルールを確定していきます。人間の場合にはスモールデータでも必要な概念を選択し、組み合わせてルール化し、概念を再度確定して、言葉を安定したものにするという形式的操作の作業は、かなり高度な思考だというわけです。研究者も関わって創造し、文化的に蓄積された知識は、そう簡単に理解できないということです。

　「生活的概念の弱点は、……抽象化のできないこと、それらを
自主的に操作できないこと、そしてそれらのまちがった利用が
あたりまえになっていることにある。科学的概念の弱点は、そ
れ自身が科学的概念の発達過程における大きな危険となる言
葉主義、具体的内容の不足である。その長所は、『活動へのレ
ディネス』を自主的に使用し得ることにある。4年生になると
……言葉主義にかわって具体化が登場し、そのことは自発的
概念の発達にもあらわれ、これらの発達曲線を均等にする。」
（Выготский 1982：187、ヴィゴツキー 2001：228）

言葉を繰り返すことはできても、小学校低学年ではまだよく理解さ
れていないというわけです。

　ヴィゴツキーは、子どもによる科学的概念の理解という課題を、
言葉や知識の習得という解釈から、子ども自身の科学的概念の発達
という問題に置き換えました。

　ヴィゴツキーは、このことを、次のように表現しています。

　「科学的概念は子どもに覚えられるのではなく、暗記されるの
ではなく、記憶によって受け取られるのではなくて、子ども自
身の思索（мысль; *thought*）のあらゆる積極性の最大の緊張のもとで
発生し[31]、編成される[32]」（Выготский 1982：198、ヴィゴツキー 2001：
241、Vygotsky 1987：176）

　言い直すと、科学的概念の理解は、自らの考えを総動員して、考
え抜いて、生徒自ら作り出すもので、しかも世間一般に通用するま
で社会化されていなくてはなりません。ここではロシア語のムイス
リ（мысль）を「思索」と訳しました。英語では thought と訳されます。
しかし、日本語で「思想」と言えば体系的な価値観や、一貫性のあ
る政治的、社会的な見解を示すことが多いので、それと区別するた
めに本書では「思索」とも訳しておきます。

　この考え抜くプロセスは、諸知識を統合した低次の概念を一般化して、より高次の概念に統合して、概念構造を作り出すことにあるとヴィゴツキーは考えたようです。この機能を、彼は一般化と呼びました。同じ用語を、リン・エリクソンもまた使用しています。

　学校で教える教科内容、つまり「科学的概念」について、ヴィゴツキーは次のように言っています。

　　「概念形成の過程の研究から、概念というものは、記憶によって獲得される連合的結合のたんなる総和でも、自動的な知的技能でもなく、複雑かつ真の思考行為 [33] であり、たんなる暗記では習得できないもので、概念が意識の中で発生するためには、子どもの思索が自身の内部発達において高度な段階に達していることが常に要求されているということが分かってきた。……この研究は、概念は、その発達のあらゆる段階において、心理学的側面からすれば、一般化 [34] という行為であるということを教えている。」(Выготский 1982：188、ヴィゴツキー 2001：229、Vygotsky 1987：169)

　　「この分野におけるあらゆる研究のもっとも重要な結果は、心理学的には、語義 [35] として現れる概念は、発達するものである (значение слова; word meaning) という確固とした命題である。その発達の本質は、何よりも第一に、一般化のある構造から他の構造への移行である。言葉のあらゆる意味は、あらゆる年齢において、一般化である。」(Выготский 1982：188、ヴィゴツキー 2001：229、Vygotsky 1987：170)

同じ言葉(単語)でも、その言葉の意味する内容は多様なものです。その言葉は、社会的に通用する意味、辞書的な意味をもっています。これを、語義と呼びます。この語義は、いくつかの概念で構成されていて、それぞれが社会的な意味構造に位置づけられています。学

校の授業で、先生が教えるように教科書から学び、生徒が自分の経験を理解して、学んだ内容を社会的に通用するレベルまで概念として一般化することを「勉強」と呼びます。

　学校で教科書を学ぶにしても、考える力が必要で、その力は「一般化」という思考プロセスを踏んで概念を高度にする作業を可能にするということです。ヴィゴツキーのこの考えは、後述する概念型カリキュラムの提唱者リン・エリクソンたちと一致します。まずここが授業の基本です。

　この一般化の過程で、自主的に、つまり自ら注意、論理的記憶、抽象、比較、区別といった論理的判断をしていきます。教師の専門性は、生徒たちがこのように脳を働かせるように支援することで、生徒の様子でこのプロセスを確かめながら授業を進める教師のことをリフレクティブな実践家と言うわけです。

　小学生段階の発達の最近接領域について、ヴィゴツキーは「模倣」という行為が可能な領域としてとらえています。

　12歳あたりの形式的操作期になると、個人が形式的操作を用いて科学的概念を論理的に発展させることになります。それより先は、個人的に新しい意味を創り出したり、想定されたサブジェクト・マターを越えて学ぶことも起きてきます。このような自律した学びを、一般的には学習と呼ぶわけです。

⑥科学的概念の理解を支える生活的概念

　ヴィゴツキーは、学校で教える教科内容を科学的概念と表現しました。ヴィゴツキーの考える科学的概念は、学問的な裏付けがあって、正しいと社会的に認められている知識と言ってもよいでしょう。あるいは公的に権威づけられている「オフィシャルな知識」と呼ぶ研究者もいます。

　ヴィゴツキーは、教科内容を「科学的概念」ととらえて、教師はこれを教えるのだと、学校教育の目的と教授(instruction)の存在をはっきりと認めます。

　　「教授は子どもの概念発達の基本的源泉の一つとして、この過
　　程を方向づける最も強大な力」(Выготский 1982：199、ヴィゴツキー
　　2001：242)

であると彼は言っています。デューイ以上に、学校で教えるべき教科内容の存在が強く自覚されていました。しかし、無理に詰め込むのではなく、自ら学ぶプロセスをどうしたら作り出せるかというところに彼はこだわりました。この点は、現場の先生方と同じです。

　生徒は、その時に持っている「科学的概念」と、「生活的概念」、つまりデューイのいう自分の経験を使って授業の中で学習します。なぜなら、生徒たちは、自分の生活の中で「生活的概念」とも呼べるあいまいな知識を作り出していて、「生活的概念」と「科学的概念」とがうまく重ねることができれば「科学的概念」はその生徒には深くよく理解されるというわけです。

　デューイは、ものを使ったり、作ったり、理解したことを表現するようなパフォーマンスをしたりして知識を理解する経験が必要だと考えました。

　ヴィゴツキーも同様に考えました。

　　「科学的概念の体系の習得は、子どもの思索の自発的活動[36]の
　　助けによって発達した、すでに広汎に形作られた概念組織[37]を
　　前提とする」(Выготский 1982：204、ヴィゴツキー 2001：248)

この概念組織とは、概念構造として考えていただいてよいと思います。生活的概念には、大きな自由度があるということになります。

　デューイは、個々人が経験の中で構成した知識とサブジェクト・マターとをそれほど対立させてはいませんでした。ヴィゴツキーは、

学校で教えられる科学的概念は社会的に広く通用するものとして、また生活の中で身に付けた生活的概念は個々人の日常生活で使われるものとして分けて考えていました。さらに、個人の中では両方の概念が絡み合いながらもそれぞれ発達すると考えたわけです。

（5）コラボレーションがあればできるかも

①発達の最近接領域

　ヴィゴツキーは、『思考と言語』第6章において、「発達の最近接領域（зона ближайшего развития：Zone of Proximal Development：ZPD）」という、ユニークな理論を説明しています。この理論は、1980年代に欧米の学習理論の中に広く浸透しました。とりわけ心理学と言語学、なかでも第二言語習得の分野に大きな影響を及ぼしました。

　学校教育の成果を研究するとき、これまでは一人の能力ととらえ、一人だけで問題を解かせていました。しかし、「われわれは、新しい方法を試みてみよう」と、ヴィゴツキーは、面白い視点を提起します。人間は、社会関係の中で学習し、知能を発達させるものだという発想は、欧米の心理学はとても大きな衝撃を受けたわけです。

　次の文は、有名な一節です。ヴィゴツキーの意図にできるだけそうように、慎重に訳してみました。想定される子どもは二人いて、ともに精神年齢は8歳です。

> 「その後の年齢で課される問題[38]を、彼らに手本を見せたり、示唆的な質問や、解決の糸口などで助けて行わせたときに[39]、……一人は協働のなかで助けられ、案内にしたがいながら12歳までの問題を解く[40]のに、もう一人は9歳までの問題を解いただけだった[41]。」（Выготский 1982：247、ヴィゴツキー 2001：298、Vygotsky 1987：209）

教師は生徒が授業の理解を引き出せるように慎重にことを運ぶこと、ヴィゴツキーがそんなことを想定していたことが分かります。一般に「指示されて (по указанию)」と訳されることばは、命令や詰め込みではなく、手本を示して模倣を促すこと、ポインターや、方向指示、方向案内のことなので、案内 (guide) と訳しました。

さて、この現象をどう解釈するかです。

> 「この知能年齢、あるいは一人で問題解決できるという今の発達水準と、子どもが一人ではなく協働のなかで問題解決に到達する水準との間の違いが、子どもの発達の最近接領域を決定する」(Выготский 1982：247、ヴィゴツキー 2001：298、Vygotsky 1987：209)

ヴィゴツキーは、今は一人ではできないが、協働（コラボレーション）の機会があればすぐにでもできるようになることがあるとみて、この幅の部分を「発達の最近接領域 (ZPD)」と名付けたわけです（**図4-15**）。

ただし、授業で新しいことを学んだときに、生徒がなぜだと考えるからこそ、この「発達の最近接領域」が現れてくるものです。経験の中から関連することを集めることです。「それだったら知ってるぞ」と関連付けられて、科学的概念がすんなり理解できることもあります。「でも、なにかもやもやしているなあ」というあたりが「発達の最近接領域」です。したがって、学ぶ対象によって、そして学習者個人の経験によって、「発達の最近接領域」の幅は異なってくるわけです。

ヴィゴツキーの表現を言い直せば、人間には「発達の最近接領域があること」と、「発達の最近接領域は人によって異なること」と、テストの結果は発達の最近接領域の下限を表しているので「発達の最近接領域の上限を見極めながら教師はよりよい指導をすべきだ」ということのようです。「指導」と言っても、詰め込み教育のこと

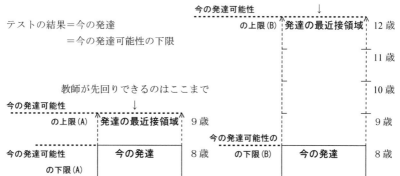

図 4-15　発達の最近接領域

(筆者作成)

ではありません。発達の最近接領域を越えれば、その子には理解できないわけです。しかし、読者の誤解を避けるためには、教育は「発達を先回りする」けれども、「教師が追いかけられる範囲しか実現できない」と言っておくべきでした。

②ヴィゴツキーはこう言っていた

　ヴィゴツキーの考えをていねいに読んでみましょう。意外なことが確認できます。

　第一に、本書でもアブウチェーニエ (обучение) を「教授」と訳していますが、教科の知識や技能を教えることを指します。しかしロシア語の教授 (обучение) には不思議な意味があります。「教える (обучить、アブウチーチ)」と「学ぶ (обучиться、アブウチーッツァ)」という二つの行為が、同時に起きていることを前提にしています。教授 (instruction) こそがすぐれた学習 (learning) を引き起こすと考えて、ロシア語では教授と学習を表裏一体の関係ととらえるわけです。そこで、「教授＝学習」と訳す日本人研究者もいるほどです。言い直せ

ば、生徒に自発的な学習、自分起点の学習が起きてくるところまで
が、教授可能な範囲であるということです。すぐれた授業が個々の
生徒の自発的な学習を引き起こし、自分が学んできたことをどんど
ん思い出してつながりを付けていき、疑問を持って考え始め、質問
し、議論し合えば、知能はもっと伸びるということです。

　日本語の「教える」も、英語の「instruction」も、学習とは切り離さ
れた単独の行為として言葉が存在します。そこで、ロシア語のアブ
ウチェーニエを、必要に応じて教授、教授／学習と訳しながら、両
者の微妙な絡み合いを描いてみます。

　第二に、教師は子どもの活動を統制しているのか、支援している
のかという教授の権限と役割の問題です。

> 「協働の中で、見守られ[42]、助けがあればつねに、子どもは自
> 分一人で[43]する時よりもつねに多くのことができ、そして困難
> な問題を解決することができる」（Выготский 1982：247、ヴィゴツ
> キー 2001：299、Vygotsky 1987：209）

> 「協働の中では、子どもは自分一人でする作業のときよりも強
> 力になり、有能になる[44]。彼は、自分が解決する知的な困難さ
> の水準を高く引き上げる[45]。しかし、つねに一人の作業と協働
> の作業とにおける彼の知能の相違を決定する[46]一定の、厳密に
> 法則的な距離が存在する[47]。」（Выготский 1982：248、ヴィゴツキー
> 2001：300、Vygotsky 1987：209）

このように、教師から生徒に一方的に指示するのではなく、教師も
同僚と同様にコラボレーションの集団の一人として支援し、あくま
でも生徒が主体的に判断して動くことが想定されています。

　この部分の翻訳はとても重要です。一般に「指導されて（под
руководством）」と訳すことばは、英訳でも direction と訳されていま
す。しかし、collaboration, direction, or some kind of help と単語が並

ぶと、direction という訳語は不自然です。コラボレーション（協働、вcотрудничестве）で、と言っているわけですから、教師とか大人の権威的な指導、指示、管理というニュアンスは避けなければなりません。ロシア語のルカボッツヴァ（руководство）には「促す」という意味もありますから、「見守る」と訳しました。子ども・生徒が理解できそうだったら、それとなくヒントを与えて案内するという意味としてとらえてみました。

そもそも、子どもが新しいことを学校で学ぶときに、その科学的概念ごとに子どもたちの生活的概念もまた異なるはずです。たまたまその課題についてはよく知っていたという解釈でよいわけで、「自分よりも知的な仲間」というのは意訳しすぎになります。協働は知的な上下関係を求めていません。コラボレーションに対比すれば、ロシア語のサマスタヤーチェリナ（самостоятельно）は「独自に」と訳すべきでなく、自分「一人でもできる」ということです。

ヴィゴツキー本人の表現を続けましょう。

「われわれの研究では、子どもは模倣によっても、以前に解決できなかった問題のすべてを解決することはできないということを示した。子どもは、それぞれの子どもによって異なる一定の境界にまでは進む。子どもは、協働の中では自分の発達水準に近いことは容易に解決する[48]が、だんだんと解決の困難さが増し[49]、ついには協働の中にあっても解決に向けた困難を乗り越えられなくなる[50]ということが分かった。子どもが一人でできることから協働でなし得ることへの移行の可能性の大小[51]は、子どもの発達と知的活動の成果との力学を特徴づけるきわめて鋭敏な徴候[52]である。それは、その子どもの発達の最近接領域と完全に一致する[53]。」(Выготский 1982：248、ヴィゴツキー 2001：300)

　人間は、自分が経験していない人類の文化を、学校で教科の知識として教えられ、生徒は、教師に促されて考え、探究し、新しい知識を科学的概念として学習します。科学的概念の学習とは「模倣」だ、とヴィゴツキーは実に大胆に言い切っていることになります。

　ここがデューイと違うところです。しかし、生活的概念と常に結びつけて考えている視点はデューイと同じです。まず、人間の学習と動物の学習とどう違うのかということについて、

> 「すでにケーラーがチンパンジーについての有名な実験で……実験は、動物の模倣は、彼自身の知的能力によって厳密に限定される[54]ということを示した。言い換えるなら、猿(チンパンジー)は、模倣によって、かれが独力で遂行し得ることのみを、その意味を理解しながら遂行するのである[55]。模倣は、知能の面で彼を前進させることはない[56]。」(Выготский 1982：249、ヴィゴツキー 2001：300、Vygotsky 1987：210)

動物の模倣(コピー)は、状況やコンテクストに合わせるという意味で、意味ある操作ができるだけですが、人間の模倣は操作の原理を理解して状況に合わせて使い分けられるということと、ここで理解し探究した概念を構造化して知能を前進させることである、とヴィゴツキーは言うわけです。人間の模倣は、親や教師、大人たち、また同僚たちの教えをきっかけにして、自ら自分の意思で学ぼうとし、学んだことは他にも応用できるように意味づけられ、記憶され、体得されていくわけです。このことからも、教授と学習が同時に起きていることを推測できるわけです。ですが、動物の場合には、

> 「だが、この場合は、操作[57]は、合理的な意味ある解決としてではなく[58]、わけも分からない習熟として単に自動的・機械的に行われるにすぎない[59]。比較心理学は、知的な意味ある模倣と、自動的なコピーとを区別する[60]ことを可能にする。……習

得は多数の反復を必要とし[61]、その習得過程はどのような意味
の理解も、構造的関係のどのような理解もあらわさず[62]、非理
性的に、非構造的に行われる[63]。」(Выготский 1982:249、ヴィゴツキー
2001：301、Vygotsky 1987：210)

と説明されます。今日の科学ではもっとたくさんのことが分かって
きていますが、ここで確認しておくことは、人間の学習の質につい
てです。人間は自分の経験を基にしながら、模倣によって人類の文
化を学び、理解し、探究して自分の持っている概念を一般化し、構
造化し、新しい知識をつくり出すことができます。このことが、新
しい能力を発達させることだと、ヴィゴツキーは言うわけです。

「動物はどんなに知恵のあるものでも、模倣あるいは教授／学
習によって自分の知能を発達させることはできない[64]。動物は、
自分がすでに持っているものと比べ原理的に新しいことを習得
することはできない[65]。動物は、たんに訓練[66]によって仕込む
ことができるにすぎない。教授／学習 (обучение; instruction) を人
間に固有なものという意味に理解すれば、動物には一般に教授
／学習はできない[67]。」(Выготский 1982：249、ヴィゴツキー 2001：301、
Vygotsky 1987：210)

人間はなすことで学ぶだけではない、ということを、ヴィゴツキー
は科学的概念と生活的概念を組み合わせることによってうまく説明
しているわけです。授業で科学的概念を学び、生活的概念を足場に
してそれを理解し、問題解決で模倣することによって、学習を成立
させるという変化を考えているわけです。つまり、新しい知識を学
ぶことは、科学的概念を習得しながら自分の持っている概念をより
一般化し、概念構造のレベルを上げ、時によっては新しい概念を創
出するという学びを引き起こすことです。

「子どもにおいては、あらゆる人間に固有の意識の諸性質の発

生の源泉である模倣を通じた協働による発達、つまり教授による発達は、基本的事実である[68]。このようにして、教育心理学全体にとっての中心的要素たり得るものは[69]、協働の中で知的に高度な段階に高まる可能性[70]、すなわち子どもが模倣の助けを借りてできる段階から、模倣の助けを借りてもできない段階へと移動する可能性である[71]。発達にとっての教授のすべての意味はここに基礎を置く[72]。これが、実を言えば、発達の最近接領域という概念の内容をなすのである[73]。模倣は、これを広い意味に解するなら[74]、教授が発達に及ぼす影響が実現される主要な形式である[75]。」(Выготский 1982：250、ヴィゴツキー 2001：301、Vygotsky 1987：210)

新しい知識を教師が教えるときに、生徒には一定の生活的概念があって、授業中に教師が使う言葉の意味が推測付けば、生徒の側に問いが生まれ、あれこれと考え、「そういうことだったのか」「こう考えればいいな」と知識の内容は合理的・論理的に理解できるわけです。この段階が、「模倣の助けを借りてできる段階」ということです。

ただし、この段階には、理解するまでにはもうちょっとだけど、なんかモヤモヤしているなあという状態も含まれます。「発達の最近接領域」のことです。教師がこの部分を見落としては、あるいはカリキュラムに幅が持たせてないならばもったいない、というのがヴィゴツキーの主張です。

およそ推測が付かなく、全く理解できなく、考える土台もない、意欲も湧かないという状態が、「模倣の助けを借りてもできない段階」ということです。こんな生徒に対して、教師が知識の詰め込みをしても、それは無駄なことだというわけです。

「ことばの教授／学習、学校における教授／学習は、ほとんどが模倣に基づく[76]。まさに学校において子どもは、自分が一

人でできることではなく [77]、自分がまだできないこと [78]、しか
し教師との協働や教師の見守りがあれば可能なこと [79] を学習
する [80] のである。教授において基本的なこと [81] は、まさに子
どもが新しいことを学ぶということ [82] である。それ故、子ど
もに可能なこの移行の領域を決定するという [83]、発達の最近接
領域は [84]、教授／学習と発達との関係において最も決定的なモ
メントでもある [85]。」(Выготский 1982：250、ヴィゴツキー 2001：302、
Vygotsky 1987：211)

ヴィゴツキーは、発達の最近接領域を、協働があれば子ども、生徒
が模倣できる領域と考えていました。

「言い換えるならば、子どもが今日は協働の中でできることは、
明日には一人でできるようになる [86]。」(Выготский 1982：251、ヴィ
ゴツキー 2001：302)

明日には一人でできるということが重要で、コラボレーションのな
かで本人が発達を遂げることが前提になっています。「何度言った
ら分かるんだ」と教師がいらだつようならば、教授は失敗している
わけです。次のようにも、ヴィゴツキーは言っています。

「子ども時代には、発達を越えて、発達の先を目指す教授のみ
がふさわしい [87]。しかし、子どもを教授することは、子どもが
すでに学習できることについてのみ可能である [88]。教授／学習
は、模倣が可能なところでのみ可能である [89]。」(Выготский 1982：
250、ヴィゴツキー 2001：302、Vygotsky 1987：211)

「教授は、すでに経過した発達サイクル、教育の下限を見極め
なければならない。しかし、教授は、成熟した機能よりも、む
しろ成熟しつつある機能を根拠とする。教授は、つねに子ども
にまだ成熟していないものから始められる。教授の可能性は、
子どもの発達の最近接領域によって決定される。」(Выготский

1982：251、ヴィゴツキー 2001：302）

　授業は生徒が知らない知識を知らせて、なぜだろう、どうしたらいいだろう、もっとよい方法があるだろうかと問いかけていきます。その時、生徒が記憶をたどって自分の経験から「そう言われてみればこういうことか」と考えれば、つまり「生活的概念が関与する最近接可能性領域（ZPP）」をもっていれば、授業中に探究して新たな「発達の最近接領域（ZPD）」を生み出します。つまり、授業の中で科学的概念を理解し、探究し、概念を一般化して発展させ、自分の知識を構造的に整理できるわけです。こうして学習が成立するわけです。これを、ヴィゴツキーは、人類の文化の「模倣」と言うわけです。

　そんなことはない、「子どもがすでに学習できることについてのみ可能」と言うけれども、繰り返し教えればできるようになるではないか、と反論される方もあるかもしれません。これこそ、ヒルダ・タバが注目した「疑似概念」の形成に他なりません。ヴィゴツキーのたとえでは動物の「訓練」とも見なせます。動物の餌とか、イルカや犬に対する笛の音はある種の記号となり、為すべき一連の行為を結びつけることで学習が成立したと錯覚することもあり得ます。しかし、これは概念型カリキュラムが望んでいることではありません。

　「子どもがすでに学習できること」とは、子ども期にはヴィゴツキーの言う生活的概念、デューイの言う経験が形成されている場合に限られることです。少年・少女期などと呼ぶ形式的操作が可能な発達段階に入れば、授業に刺激されて生活的概念を新たに合理的・理論的に組み立てて、それを科学的概念に重ねることで知識・技能の体系を作り出すことも可能だということです。これは、まだ「模倣」という勉強の段階です。問題を発見し、問題解決に必要な知識・技能を創造するには、「模倣」を越える学習が必要になってきます。

　結論になりますが、ヴィゴツキー自身も『思考と言語』の中で繰り返していますので、もう一度確認します。

　　「教授は発達の前を進むときにのみふさわしい[90]。そのとき教授は、成熟の段階にあって[91]、発達の最近接領域に横たわる[92]一連の機能を呼び起こし、活性化する[93]。ここに、発達における教授の主要な役割[94]がある。これによって、子どもの教授／学習は、動物の訓練とは区別される[95]。」(Выготский 1982：252、ヴィゴツキー 2001：304、Vygotsky 1987：212)

教育は子どもの発達を先回りし、子どもの今の知能より先を教えること、教師はどんどん知識を教えれば良いのだと解釈する人もいますが、これは大誤解です。生徒の生活的概念は、授業によって、記憶から呼び覚まされて活性化されるわけです。この部分が発達の最近接領域になるわけです。生徒が知らないことを「なぜだろう」と教師が持ちかけて、そこで初めて、「どうしてだ」と生徒が考えるからこそ、自身の経験が記憶の中からたぐり寄せられるのです。「どういうことだ」と探究するからこそ、理解が広がり、深まるのです。現代風に言えば、授業で問題になっている重要概念を転移できるような具体例、つまり過去の経験から生活的概念を探し出し、組み合わせたりして「発達の最近接領域」を創り出すからこそ、高次精神機能の働きで科学的概念の理解が一挙に早まるというわけです。こうして、授業は、教師と生徒との教授／学習という表裏一体の活動を創り出します。授業で科学的概念を教えることは、生徒の知能の発達を主導する役目を果たします。さらに、ヴィゴツキーが強調したことは、次のような生徒の立場、今日流にいえば非認知的能力の役割です。

　　「学校の教授／学習に積極的に参加するすべての主要機能[96]は、学齢期の基礎的な新現象、すなわち自覚性と自主性を軸とし

て回転する[97]。これら二つの契機[98]は、……この年齢において形成されるすべての高次精神機能の基礎的で目立った特徴をなす[99]。このようにして、われわれは、学齢期とは教授／学習に最適の時期[100]、すなわち、自覚と自主という機能に最大限に依拠する教科との関係でいえば[101]、敏感期である[102]と結論することができよう。」(Выготский 1982：254、ヴィゴツキー 2001：307、Vygotsky 1987：213)

自覚と自主とは、今日の用語で言えば主体の「自律(autonomy)」と言い直しても差し支えありません。科学的概念を伝えようとする教科の授業が、生徒の「自覚と自主」、「自律」を呼び起こして、生徒の「主体的で探究的な学習」、いわば「主体的で対話的で深い学習」を成立させるからこそ、生徒の精神的な発達、高次神経機能の構築を実現するわけです。

「そのことによって、これらの教科の教授は、発達の最近接領域における高次精神機能の発達に最良の条件を保障することになるのである[103]。入学するまではこれらの高次精神機能がまだ成熟していないがゆえに[104]、そして教授／学習は一定の仕方でそれらの発達のその後の過程を組織してその運命を決定することができるがゆえに[105]、教授／学習は発達の過程に入り込みそれに決定的な作用を及ぼすこともできるのである[106]。」

(Выготский 1982：254、ヴィゴツキー 2001：307、Vygotsky 1987：214)

ということになります。ヴィゴツキーは、こうして、科学的概念を教えることは生徒たちに知能の発達を促すことになるのだと認め、教育の理論を整理したわけです。

「ところで、同じことは、われわれの基本的問題、すなわち学齢期における科学的概念の発達の問題にも完全に当てはまる[107]。すでに述べたように、これらの発達の特徴は、学校教育

が発達の源泉であるということにある[108]。だから、教授／学習と発達の問題は、科学的概念の起源と形成とを分析する中心的問題となる[109]。」(Выготский 1982：254-255、ヴィゴツキー 2001：307、Vygotsky 1987：214)

知能を発達させる重大な局面、決定的な契機(モメント)を授業の中で引き起こすこととは、「発達の最近接領域」の範囲で、成熟しつつある機能を使って、「新しい意味を理解し、構造的関係を作り出す」という学習を実現し、科学的概念を自分の中に形成することです。これが、ヴィゴツキーが提起した「発達の最近接領域」という概念なのです。「知能が伸びるとき、それは今でしょう」という状況を作り出していくことが、教師の役割であり、専門性であるわけです。しかしそこには、生徒が自分起点で「なぜだ」と考え始め、自分の意思で「調べと見よう」と思い、自分たちで「探究し、突き止めてみよう」「本当にそうなのか、確かめてみよう」「そんなに良いものならつくってみよう」と活動にまで発展してこそ、教師の専門性は生きてくるわけです。

(6) 探究型の授業の核心

①なすことで学ぶ

アクティブ・ラーニングの有名なスローガンは、「なすことで学ぶ」です。では、何を為すことなのでしょうか。それは、社会的な労働、仕事で、自分の生活・人生として意義のある活動だとデューイは考えていました。彼のことばでは、次のようになります。

『学校と社会』(1900 年) では、

　「社会において何事かをなし、何物かを生産する責任および義務の観念(the idea of responsibility, of obligation to do something, to produce

something, in the world) などの訓練の諸要因を看過ごすわけにはい
かない。」(Dewey 1990：11、デューイ 1998：67)

「仕事に参加することによって学習する (learning by taking a share in
occupations)」(Dewey 1899：23、デューイ 1998：84)

というように表現されています。

「誰もが天職や仕事、つまりなすべき何か (a calling and occupation,
something to do) を持っている」(Dewey and Dewey 1915：23、デューイ
2000：67)

というわけです。

教育哲学者のジェーン・マーティンは、「意義深き労働 (meaningful
work) をカリキュラムの中心に据える (put meaningful work at the center of
the curriculum)」(Martin 2018：71、マーティン 2021：149-150) ことだと説明し
ています。

デューイがなすべき何かを、社会との関係で意義づけをしていた
ことは、間違いありません。

ジョン・デューイと長女エブリン・デューイ (Evelyn Dewey) との共
著『明日の学校』(1916 年) では、なすことで学ぶということばは、第
4 章「カリキュラムの再組織化」の中で数回提案されています。

「仕事や探究に参加すること (taking a share in occupations and pursuits)
によって学習する」(Dewey and Dewey 1915：51、デューイ 2000：67)

「子どもと環境との間の調整……『なすことで学ぶ (learning by
doing)』は、多くの教師がこの調整をもたらすように試みる方法
の、一般的記述として提供できるようなスローガンである。」
(Dewey and Dewey 1915：52、デューイ 2000：68)

「教科書は、生徒が時間を節約し、誤りを少なくするための案
内になる。……もちろん、なすことで学ぶ (learning by doing) とは、
教科書の勉強 (textbook studying) を手仕事や手作業 (manual occupations

or handwork) に代えることを意味しない。」(Dewey and Dewey 1915：54、
デューイ 2000：70-71)

「厳密な意味での職業目的で教えられるのではない、手仕事や
工場労働 (hand and industrial work) の大部分は、『なすことで学ぶ
(learning by doing)』を指示する原理を示している。この事例は、今
日、進歩的であることを目指すすべての学校で見出される。」
(Dewey and Dewey 1915：61、デューイ 2000：77)

「男子校のモットーである『少年に生きることを教える (to teach
boys to live)』とは、『なすことで学ぶ (learning by doing)』の言い換え
である。」(Dewey and Dewey 1915：65、デューイ 2000：80)

ここでは、なすこととは、こどもが、自分たちでやりたいと思
い、自分たちで計画してやり遂げていき、教師は重大な誤りを防ぐ
必要があるときだけ忠告や支援のために介入するのみで、結果的に
子どもたち自身が学習していることが主張されています。なすべき
素材は、教師から教えられることではなくて、自ら勉強する仕事
(work) です。

「その素材は、彼ら自身の生活と関係を持ち (bears a relation to their
own lives)、したがって、子どもたちにいかに生きるかを教える
ために (for teaching children how to live)、より役に立つものである。」
(Dewey and Dewey 1915：75、デューイ 2000：90)

ただしマーティンのように、この書はエブリン・デューイのアイ
ディアであると考えている人もいます。テーマと文体で、章ごとに
どちらが書いたかはおよその推測がつきます。

ジョン・デューイ一人のことばとすれば、『民主主義と教育』(1916
年) 第 14 章「サブジェクト・マターの本質 (The Nature of Subject Matter)」
の中で、次のように記述されています。

「自然な発達過程の再認識は、……なすことで学ぶことを含む

状況（situations which involve learning by doing）から常に出発する」(Dewey 1916：192、デューイ 1975a：291)

まさに、はっきりと「learning by doing」と書かれています。しかし、ジョン・デューイはこのことばを多用していません。

　デューイにとって学校は、「協同と連帯（co-operation and association）」(Dewey 1900：16、デューイ 1998：74) のもと、「仕事（occupation）」が学習を生み出す場所でした。人間の仕事こそ、理論と実践、精神と身体、個人と社会という二分法・二元論を超えて、両者ともが一体となるプラグマティズムを実現する方法であるとデューイは考えました。サブジェクト・マターと経験との弁証法と言ってもよいかも知れません。

　では仕事とは何かというと、シンプルに言えば、

　　「考えることを学習する（learn to think）ために、われわれは、知的道具である自らの手足、感覚、身体器官を調和をとって行使しなければならない。これらの道具をもっともよく使用するために、……身体が、強固で健康に保たれなければならない。」(Dewey and Dewey 1915：8、デューイ 2000：22)

と言い換えられています。しかし、これは 100 年前の話で、今日のように諸個人がコンピュータをオンラインで使用することは想定されていません。新しい学習環境は、デューイが生きたときには「実験学校（laboratry school）」、今日ではメディア・ラボなどと言われています。

②プラグマティズム

　アメリカ合衆国の精神史研究をしているルイ・メナンド（Louis Menand）は、ホウムズ（Oliver Wendell Holmes）、ジェイムズ（William James）、パース（Charles Sanders Peirce）、デューイたちの切り開いた思想を次の

ようにまとめています。

　「プラグマティストが望んでいたのは、決して無制限ではない
けれども、諸個人の差異が最大限尊重される社会組織である。
それは差異の自己目的化のためではないし、ましてや愛と公平
の原則がそれを要求していると彼らが考えたからではない。彼
らの望みは、誤りが認められるさらなる社会空間を創造するこ
とだった。それこそが、よい成果が現れるチャンスをさらに広
げることになると考えたからである。プラグマティストは、た
だたんに会話の継続だけを望んだのではない。彼らは、さら
によい場所にたどりつくことをこそ願ったのである。」(Menand
2001：440、メナンド 2011：440)

およびまた、

　「ホウムズ、ジェイムズ、パース、デューイは、理念や原理原則、
信念を、生身の人間によって担いうるレヴェルにまで引き下げ
ることを要求した。というのも、物事の抽象化に隠されている
とみていた暴力(the violence they saw hidden in abstractions)を、彼らは
回避したかったからである。このことは、南北戦争が彼らに与
えた教訓の一つである。」(Menand 2001：441、メナンド 2011：440)

とも指摘しています。

　この指摘をデューイの教育構想に当てはめてみれば、教科内容や
カリキュラムには高い自由度が求められていたことは推測できます。
さらに、

　「彼らの哲学が支持しようと意図していた政治システムは、民
主主義(デモクラシー)だった。そして民主主義とは、彼らが理解
するかぎり、正しい人びとだけでなく、間違いを犯した人びと
に対しても発言を与えようとするシステムである。民主主義が
少数者と反対意見に権利を与えようとするのも、最終的には多

　　数者の利益が優位をとるためである。民主主義は、万人がゲー
　　ムにおいては対等であることを意味するが、同時にそれは、誰
　　もそのゲームから降りることができないことをも意味する。ホ
　　ウムズ、ジェイムズ、パース、デューイの名前と結びついてい
　　る近代米国思想は、連邦主義（ユニオニズム）の知的な勝利を象徴
　　しているのである。」（Menand 2001：440-441、メナンド 2011：441）

という解釈も、教育制度にとってもまた意味深いものがあります。
「誰もそのゲームから降りることができない」とは、とても重いこ
とばです。

　世界的にもっとも参考にされる教育理論は、ジョン・デューイの
ものです。彼は、学校で教師が教えることを「サブジェクト・マター」
と呼びました。それは何かということになると、誰も降りることが
できない「アメリカ合衆国」という民主社会の中で生きていくため
に必要な能力だと、デューイは考えていたと推測できます。

　それを誰が決めるのかということになると、1900 年頃の米国では、
教師が最も専門家でしたから、現場の教師の判断に任されていまし
た。

　デューイは、この「サブジェクト・マター」は生徒の経験から学
ばれるものと考えました。学びというものは、生徒の主体性によっ
て成立すると考えたわけです。つまり、学びによって経験が拡大す
ると考えたわけです。教師の役目は、最も適切な時期にサブジェク
ト・マターを生徒に提示し、生徒が学びたくなるように環境整備を
することになります。教師は、生徒の興味や関心を引き出し、学習
動機を作り出していきます。

　ヴィゴツキーは、教科カリキュラム通りの教育を認めていました
が、生徒自身が理解するには、基盤となる生活的概念を持っている
ことが重要だと考えていました。

　デューイが念頭に置いた経験は、社会的な労働 (job) です。しかし、labor は、労働者を疎外する印象がつきまといます。work は、細分された分業、つまらない作業のイメージがつきまといます。そこでデューイは、教育的な労働に occupation（仕事）ということばを当てたようです (Simpson and Jackson 1997：47)。

　さて、この時、サブジェクト・マターと個々の生徒の経験とは、どのような関係になるのでしょうか。『子どもとカリキュラム』(1902年) では、デューイは、次のように記述しています。

> 「教育的過程を構成するうえで、基本となる要因は、未成熟で未発達な存在というものであり、さらにまた、成人の成熟した経験の中に体現されているある一定の社会目的・意味・価値といったものである。その教育的過程は、これらの力が起こす相互作用のことである。もっとも十分で自由な相互作用を促進するうえで、一方のものと他方のものとが相互に関係し合うという概念こそ、教育理論の本質に他ならない。」(Dewey 1902：182、デューイ 1998：262)

このように、教育理論の本質は、「十分で自由な相互作用」「相互に関係し合うという概念」にあると、明言しているのです。

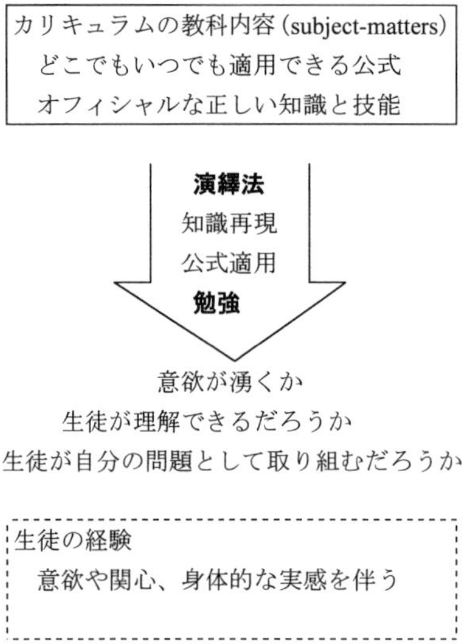

カリキュラムの教科内容（subject-matters）
どこでもいつでも適用できる公式
オフィシャルな正しい知識と技能

カリキュラムの教科内容（subject-matters）

オフィシャルな正しい知識と技能

演繹法
知識再現
公式適用
勉強

オフィシャルな知識を否定したらどうするか
教師が望むような知識にたどり着けるか
時間が足りるか

意欲が湧くか
生徒が理解できるだろうか
生徒が自分の問題として取り組むだろうか

学習
探究型の学習
構成主義
帰納法

生徒の経験
　意欲や関心、身体的な実感を伴う

生徒の経験
　学習する素材が生活の中に十分にある
のか

図 4-16　詰め込み教育のイメージ 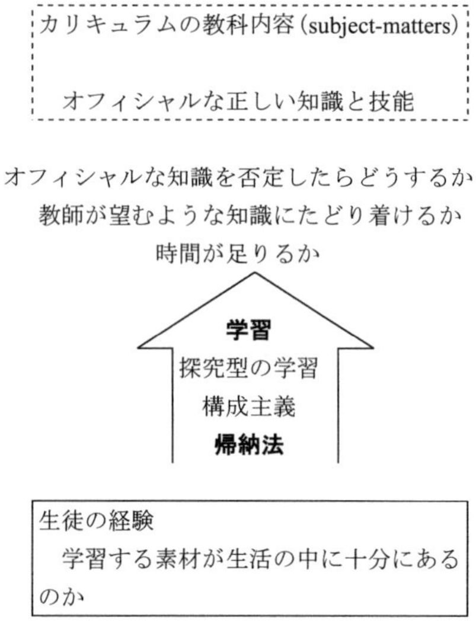　**図 4-17　探究型授業のイメージ**

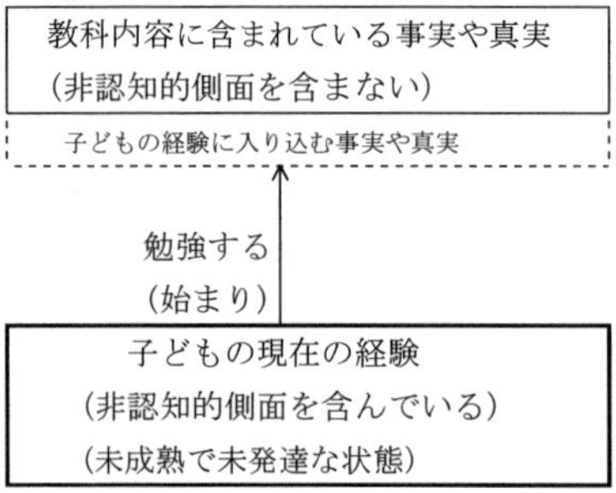

教科内容に含まれている事実や真実
（非認知的側面を含まない）

子どもの経験に入り込む事実や真実

教科内容に含まれている事実や真実
（まだ学ばれていないもの）

勉強する
（始まり）

勉強した
（終わり）

子どもの現在の経験
（非認知的側面を含んでいる）
（未成熟で未発達な状態）

学習によって拡大された現在の経験

子どもの現在の経験

図 4-18　勉強もまた子どもの経験から
**　　　　始まる**

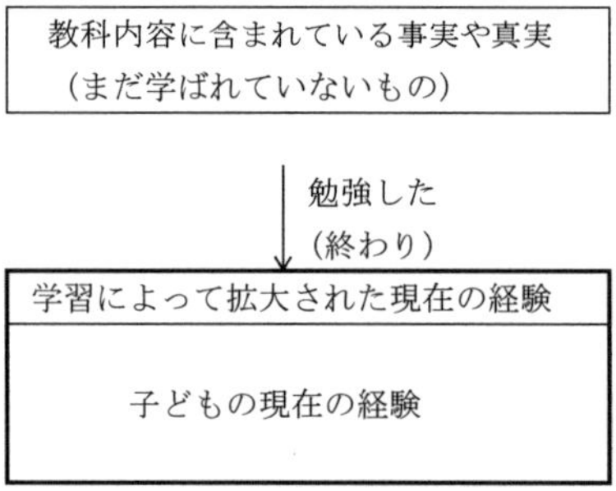

図 4-19　勉強の成果は子ども
**　　　　の経験の拡大**

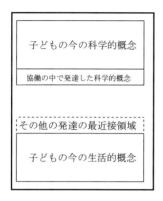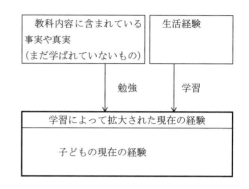

図 4-20　ヴィゴツキーの学習成果イメージ（太線は子ども個人）

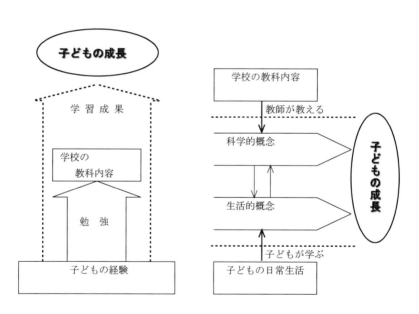

図 4-21 デューイの勉強イメージ　　図 4-22　ヴィゴツキーの学習イメージ

（筆者作成）

第5章　概念形成を支援する授業作り

　何を正しい知識と決めるかは、民主主義の強い西欧文化のもとで
は簡単ではなかったのです。そもそも、言葉の理解一つとってみて
も、同じ人間でも理解の程度が変化していきます。子どもに正しい
知識を教えようとしても、それがどう理解されるかは謎だったわけ
です。

　リン・エリクソンは、1995年当時に、「事実単独基盤モデル (solely
fact-based model)」から「三位一体カリキュラムモデル (Tripartite Curriculum
Model)」へとカリキュラム・デザインが移行している、このことは
明らかだ、と述べています (Erickson 1995：74)。つまり、知識の羅列
ではなく、知識を解釈し、理解し、使ってみることで、概念を豊か
にし、一般化して実行力を高めるカリキュラムを考えたわけです。

(1) カリキュラム編成の歴史

　世界最初の教材は、1658年に登場したチェコの教育者コメニウ
ス (Johann Amos Comenius) の『世界図絵』(コメニウス 1988、およびコメニウ
ス 1995) であると言われています。

　子どもでも分かるような教材が開発され、印刷革命のおかげで大
量出版され、やがてそれが教科書となります。

①エリクソンからたどる歴史

　世界的にも評価の高いリン・エリクソンの概念型カリキュラムの理論からたどっていきますと、子どもの理解段階を考慮したカリキュラムの開発は意外なところにたどりつきます。リン・エリクソンの理論枠組みは、ヒルダ・タバが執筆した 1966 年の『小学校の子どもたちにおける教育戦略と認知機能 (*Teaching Strategies and Cognitive Functioning in Elementary School Children*)』(Taba 1966) という報告書に依拠しています。この報告書は、米国保健・教育・福祉庁教育局 (Office of Education, U. S. Department of Health, Education, and Welfare) が援助する「協同研究プログラム第 2404 号」に対するもので、サンフランシスコ州立カレッジから出版されています。したがって、米国ではそれなりに権威あるものと解釈されたはずです。

　そしてさらに、たどっていくと、ヒルダ・タバが概念に関する理論的根拠の一つとしたのは、1962 年に英訳されたばかりのヴィゴツキーの『思考と言語』第 5 章 (Vygotsky 1962：52-81) だったということが分かります (Taba 1966：4-5)。

②ヒルダ・タバの時代と現在

　米国で最も影響力あるカリキュラム論研究者は、ラルフ・タイラー (Ralph Winfred Tyler) です。ラルフ・タイラーは、1960 年以降、ロックフェラー財団が行う教育投資の評価に実力を発揮しました。彼の教え子には、『教育目標の分類学 (*Taxonomy of Education Objection*)』(1956 年) を著したベンジャミン・ブルーム (Benjamin Samuel Bloom) がいます。そして、タイラーの共同研究者には、注目すべきヒルダ・タバがいました。

　ヒルダ・タバは、1902 年にエストニアに生まれています。タルトゥ大学で歴史と教育学を学び、卒業後、1926 年にロックフェラー財団

の奨学金を得て渡米し、ペンシルバニア州のブリンマーカレッジ (Bryn Mawr College) で学び、1年間で修士号を取得します。この間に、進歩主義学校に通い始め、「ドルトン・プラン (Dalton Plan)」の実践に興味を持ちます。1927年からは、コロンビア大学の博士課程で学ぶことができました。当時のコロンビア大学には、著名なジョン・デューイがシカゴから移ってきていました。それだけでなく、タバの指導教授は、子ども中心主義的教授法の第一人者であり、「プロジェクト法」を開発したキルパトリック (William H. Kilpatrick) でした。このプロジェクト法と一体化して「なすことで学ぶ (learning by doing)」というスローガンが世界に広まっていったようです。

　ヒルダ・タバは、1933年には、オハイオ州のドルトン・プラン学校でドイツ語の教師として働き始め、後に同校のカリキュラム主任となります。(Lundgren 2014：43) ちょうどその時、米国の学校教育の成果に関する大規模調査「8年研究 (Eight-Year Study)」が始まります。この調査は、伝統的なカリキュラムと教育方法とを実施する学校と、進歩主義教育を実施する学校との教育効果を比較しようとするもので、ヒルダ・タバが働く学校も調査対象校に選ばれたのです。この調査の主任がラルフ・タイラーであり、ここで二人が出会うことになります。ラルフ・タイラーは、ヒルダ・タバをカリキュラムの社会的研究の共同研究者として用い、彼女は1939年から1945年まで、シカゴ大学カリキュラム研究室 (Curriculum Laboratory at University of Chicago) 長を務めています。

　1960年代の米国は、教育投資論が形作られ、1929年以降下火になっていた教育の効率化の動きが復活する時代です。すでに1955年に、進歩主義教育協会 (Progressive Education Association：PEA) は解散していました。その時、タバは、授業改善を基礎とするカリキュラム開発 (佐藤学 1996：57) によって学校教育の危機を克服しようとし、経済的視点ではなく、授業作りの視点への回帰を主張しました。『カリキュ

ラム開発―理論と実践 (*Curriculum Development: Theory and Practice*)』(1962 年) が彼女の代表的な著作です。ヒルダ・タバは、アクティブ・ラーニング、アクティビティ・カリキュラムの一例として、『カリフォルニア州カリキュラム枠組み (*California State curriculum framework*)』に基づく『ロサンゼルス郡学習指導要領 (*Los Angeles County course of study*)』(1955 年) を紹介しています (Taba 1962：402-403)。**表 5-1** は、「中心的関心事 (centers of interest)」と呼ぶ学年テーマです。

ヒルダ・タバは、このような実例を引きながら、「経験の意味と役割、ならびに経験と体系的知識との関係に、多くの混乱が集中している」(Taba 1962：403) と指摘して、経験的カリキュラムにも問題があると主張しています。デューイが強調した経験は、「シンボルが表す事物やそれらの関係を伴っていて、それなくしてはシンボルや抽象化はほとんど意味が無いという、初期経験」です。彼は、何でも経験すればよいと主張したわけではなく、シンボル素材を未熟なやり方で押しつけることは避けるべきだと言っているわけです。これは、ヴィゴツキーが生活的概念がある範囲、「最近接可能性領域 (ZPP)」に「科学的概念」の教育可能性を見たことと同じです。

カリキュラム研究に詳しい教育学者の佐藤学は、次のようにタバの理論を特徴付けています。佐藤によれば、タバは、

> 「タイラーの合理的な枠組みを援用しつつ、教科内容の現代化の改革運動と進歩主義教育の伝統とを結合する」
> 「進歩主義のあまりに広義なカリキュラムの概念定義を否定したが、論述の説明概念としては『スコープ』『シークェンス』『単元』『統合』を採用している」
> 「カリキュラム開発を教師の選択と判断の意思決定の過程と捉えていた」
> 「教師たちが個別教科の具体的な単元を構成し実験と評価研究

表5-1　ロサンゼルス郡学習指導要領にみる学年テーマ

学　年	学年テーマ（中心的関心事、centers of interest）
幼稚園	私たちは共に、どのように生活し、働いているか。 *How We Live and Work Together*
1年生	家庭、学校、地域の人々は、私たちのニーズを満たすように、どのように支援しているか。 *How Home, School, and Neighborhood Help Us Meet Our Needs*
2	人々は地域の人々の中で、どのように生活し、働いているか。 *How People Live and Work in Our Neighborhood*
3	人々は地域の中で、どのように互いに依存しているか。 *How People in Communities Depend upon One Another*
4	人々はカリフォルニアにおいて、どのように生活しているのか。 *How People Live in California*
5	人々はロサンゼルス郡で、どのように生活しているのか。 *How People Live in Our County*
6	人々は西半球で、どのように生活しているのか。 *How People Live in the Western Hemisphere*
7	人々は東半球で、どのように生活しているのか。 *How People Live in the Eastern Hemisphere*
8	ロサンゼルス郡は、民主的な生活方法をどのように育成しているのか。 *How Our County Fosters the Democratic Way of Life*

（Taba 1962：402-403）より筆者作成

　を積み上げることがカリキュラム改革の本流であることを、直感的に感じとっていた」（佐藤学 1996：58-59）ということです。「カリキュラム開発」は「教師の選択と判断」に任される「意思決定の過程」であるという主張は、特に重要だと思われます。「直感的に感じとっていた」ということばは論理的でないと一般には解釈していますが、「論理的に説明できない内容すべてを把握する極めて高度な理解力」だと筆者は解釈しています。

　さてそうなると、進歩主義教育のカリキュラムがヴィゴツキーの概念形成に関する理論で補強されたもの、それがタバのカリキュラム案『小学校の子どもたちにおける教育戦略と認知機能』（Taba 1966）

だったということになります。

　ヒルダ・タバは、国際的カリキュラム理論の開拓者と呼ばれており、その構想は多くの改革派教育研究者の共通認識となっていたようです。それと類似する国際バカロレア (IB) のカリキュラム論は世界の教育改革運動とも合致していたものと解釈できます。さらに、21 世紀スキルの教育が、進歩主義教育の方法をなぞっていることもまた分かってきます。

(2) 概念型カリキュラムの編成

①コンテンツ・ベースからコンセプト・ベースへ

　教えるべき知識を教科に分けて、学年別に配当して教科課程 (カリキュラム) が組まれるという伝統的な教育手法をコンテンツ・ベースの教育と呼びます。この場合、学ぶべき課題や知識は、もれなく教科に分けられ、重複のないように編成されます。しかも、週当りの授業時間まで配分されます。これをコース・オブ・スタディと呼びます。

　たとえば、保育園の待機児童問題は、社会科ではなく家庭科の育児のところで学ぶというようになるわけです。

　日本の家庭科は、衣・食・住を扱うことになっていますから、被服は家庭科で習います。ところが、フィンランドでは、紙、布、木、金属の加工、いわゆるハンド・ワーク (手工) は図工で扱います。図工は、アート (技芸) を扱う教科で、フィンランドでは中学 3 年生まで授業があります。代わりに、家庭科は、主として料理を扱い、男子生徒に人気の科目となっています。北欧では、中学生ともなると、男性も自分で食事を作って自立の準備を始めます。学校の家庭科室には、調理用のキッチンも一般家庭と同じような配置になっています。バックグラウンド・ミュージックをかけながら男女仲良く料理

を作ります。食卓もあって、出来上がった料理をグループで食べて成果を確かめます。教科書を開きながら、「このキノコは食べられるんだ〜」と感心し、料理作りのレパートリーを増やしていくわけです。中には、学校で学ぶうちにベジタリアンに変身して、肉を一切使わない料理ばかり作っている生徒もいます。自分の現在の生活と将来の生活のために学校の授業を体験しているわけなのです。

　このように、教科のコンテンツは定めがたく、国によって違っているわけです。その場にいるプロの教師が、地域や生徒一人ひとりの特徴を理解しながら、子どもの表情とか目の輝きから、あるいはグループ活動の様子から見えない心の中を読み取って、適切に学びを支援していくわけです。

　教科書通りの伝統的なコンテンツ・ベースの教育は、外部の素人に対して「見える化」された内容（コンテンツ）に授業の光が当たってしまい、生徒の出来不出来の評価だけに教師の目が向きがちです。誰にでも分かるようなテストの得点は、実は生徒の特徴ある考え方を「見える化」していません。「見える化」されていない「見えない知識」は個人的な経験とか「暗黙知」として無視され、学校のテストでは評価されないのが普通です。このようなことが、コンテンツ・ベースの教育の最大の欠点になるわけです。

　とてもユニークな面白い考え方をする生徒は、授業の邪魔ではなく、予期せぬ授業の成果を表現する貴重な存在ともとらえられます。一つの学びに整えることではなく、多様な学びを組み合わせてさらに発展させることが学校教育の意義となるでしょう。このような学びが、コンセプト・ベース、つまり概念型カリキュラムの学びになります。

②すべての教科で追求するテーマ

　伝統的なカリキュラム・モデルは、「内容（content）」に焦点が当

てられていた、この「内容」はトピックから編成されていた。だが、依存する「世界情報（world information）」が拡大するので、カリキュラムもまたどんどん膨張している。われわれが内容を削減する合理的プランを欠いているので、「授業は情報のうわべをすくい取るものになってきている」」と、リン・エリクソンは指摘しています（Erickson 1995：75）。

そこで、彼女は、カリキュラムにおいては、「内容をトピックよりは概念で」編成していくべきだと主張します。

たとえば、「紛争」という概念を授業で扱う場合、「トピックのテーマ」ないし「テーマ・トピック」は、「アメリカ史における紛争」とか「人間関係における紛争」という例が考えられるとエリクソンは言います。紛争を解決する課題が誰にも予想されるとすれば、どこの誰がどうなっているか、それは何であるかという知識、すなわち「概念（know-what）」よりも、なぜ紛争が起きるのかという因果関係、どうすれば解決できるのかという原因除去のプロセスなど、思考をどう進めて探究するかという理解の筋道、すなわち「概念（know-how）」こそを重視すべきだということです。

今日では、地球環境問題やSDGsなどの仕組みが提起されていますので、学校にとっても、親や地域の人々にとっても、さらに教師と生徒にとっても自分たちの問題として理解できるように大きな道徳的テーマが設定される必要があります。

とりわけ、自分の人生、自分の生き方を、自分起点で考えられるというのが、原点になってくると思われます。概念の一般化が、結局は世界認識と自己認識に行き着くからです。

③教科を越える重要概念

学習内容が統合できるトピック（単元）では、課題を深めて学ぶこ

とができます。デンマークでは、アウトドア・エデュケーションという教育学領域があります。魚を捕獲して計測し、図鑑で調べながらさばいて、料理して食べたと、体験した日本人留学生が話しています。アウトドア・エデュケーションは、生活科、体育、理科、社会だけでなく、数学や家庭科の授業にもなるようです。

　リン・エリクソンは、教科を越えて他教科にも転移できる重要概念のことをマクロ概念と呼んでいます。1998年の著書では、「教科領域概念 (Subject Area Concepts)」の諸例として**表5-2**を作成し、太字が「マクロ概念 (Macroconcepts)」であると説明しています。

　2008年の著書になると、**表5-3**のように教科特有概念 (Subject-Specific Concepts) をマクロ概念とミクロ概念に分けて記載するようになりました。しかし、物理教育の概念の欄では、両者が混在しています。また、社会科概念の欄では、マクロ概念とミクロ概念が対応していることがよく読み取れませんでした。

　このうち、演劇概念はカリフォルニア州パーム・デール・ハイスクール (Palmdale High School) で、音楽概念と健康概念はアイダホ州メリディアン第二区メリディアン統合学校 (Meridian Joint School District No.2) で、物理教育概念はアイオワ州のダベンポート公立学校 (Davenport Public School) で当時使用されていたものだそうです。したがって、授業で計画的に対応する概念は、学校によって異なっていると考えられます。

　また、科学的概念のうちマクロ概念はワシントンにある国立アカデミー発行の『全国科学教育標準 (*National Science Education Standards*)』から、社会科概念のうちマクロ概念は社会科標準全国協議会 (National Council for Social Studies Standard) 発行の『社会科カリキュラム標準 (*Curriculum Standards for Social Studies*)』から引用したものとされています。これについては、米国全土で幅広く使われていたと推測されます。

表 5-2　教科領域概念の例（1998 年）

教　科	概念　　　　　　　　　　　　　太字はマクロ概念
科学　Science	**秩序　Order** 生命体　Organism 人口　Population **制度　Systems** **変化　Change** 進化　Evolution 周期　Cycle **相互作用　Interaction** エネルギー / 物質　Energy/matter 均衡　Equilibrium
社会科 Social Studies	紛争 / 協同　Conflict/cooperation パターン　Patterns 人口　Populations **制度　Systems** **変化 / 継続性　Change/continuity** 文化　Culture 進化　Evolution 文明　Civilization 移動 / 移住　Migration/immigration **相互依存　Interdependence**
文学　Literature	時間　Time 空間　Space **相互作用　Interactions** **変化　Change** 信念 / 価値　Beliefs/values 動機　Motivation 紛争 / 協同　Conflict/cooperation 知覚　Perceptions **パターン　Patterns** **制度　Systems**
数学　Mathematics	数　Number 比率　Ratio 割合　Proportion 対称　Symmerty 可能性　Probability **パターン　Pattern** **秩序　Order** 数量化　Qualification **制度　System**

音楽　Music	リズム　Rhythm 旋律　Melody 調和　Harmony 音調　Tone 調子　Pitch 表現形式　Form 速度　Tempo 響き　Timbre **パターン　Pattern**
美術　Visual Art	リズム　Rhythm 直線　Line 色　Color 価値　Value 形　Shape **パターン　Pattern** 感触　Texture **外観　Form** 空間　Space 角度　Angle

（Erickson 1998：55、Erickson 2001：55）より筆者作成

　たとえば、「周期 (cycle)」という教科特有概念を使えば、水の三態を学習している時に、また自然環境保護の学習をしている時に「水の循環」として概念を意識的に形成できるでしょう。大地あるいは岩石の循環として、土地の隆起、岩石の風化、土砂の堆積、地熱と圧力による堆積物の岩石化というようなサイクルを描いて概念化できるわけです。生ゴミの循環、土壌の改良、ゴミの分別収集、プラスチックの再生、食物連鎖など、さまざまな知識を概念化する時に概念理解の視点 (特質) を、「周期」という教科特有概念が提供できるということです。

　どれを教科特有概念として、どのような状況で使うか、それが生徒一人ひとりに自覚されるのか、自然な思考プロセスの中に吸収されてしまうのか、それはやってみなければわからないことです。そして、すでに米国では何年も続いているようです。ただし、教科特有概念や重要概念を全国一律に決めているわけではないようです。

表 5-3　教科特有概念の例（2008 年）

	マクロ概念	ミクロ概念
演劇概念 Drama Concepts	性格 Character	①身体的なもの Physical ②特徴 Personality ③背景 Back-ground ④関係性 Relationship ⑤紛争 Conflict ⑥動機 Motivation ⑦変化 / 成長 Change/growth ⑧障害物 Obstacle ⑨願望 / 必要性 Wants/needs ⑩慣習 Habits ⑪感情 / 情緒 Feeling/emotion ⑫型 / 役割 Type/role ⑬目的 Purpose
	動き Movement	①身体姿勢 Body position ②行為 / 反応 Action/reaction ③目的 Purpose ④秩序 Order ⑤影響 Infuluence ⑥角度 Angle ⑦筋 Line ⑧バランス Balance ⑨タイミング Timing ⑩空間 Space ⑪論理 Logic ⑫身体表現 Physical expression ⑬方向 Direction
	声 Voice	①音調 Tone ②調子 Pitch ③大きさ Size ④質 Quality ⑤発声 Dialect ⑥パターン Patterns ⑦表現 Expression ⑧歯切れ Articulation ⑨発音 Pronunciation ⑩ビート / 休止 Beat/pause ⑪息継ぎ Breathing ⑫ことばづかい Diction ⑬強調 Emphasis
	テーマ Theme	①文化 Culture ②紛争 Conflict ③時間 Time ④展望 Perspective ⑤信念 / 価値 Beliefs/values ⑥選択 Choices ⑦影響 Infuluence ⑧多様性 Diversity ⑨アイデンティティ Identity ⑩パワー Power ⑪破壊 Destruction ⑫純真 Innocence ⑬隔離 Isolation
	デザイン Design	①スタイル Style ②意味 Meaning ③ムード Mood ④構造 Structure ⑤機能 function ⑥表現 Expression ⑦感情 Feeling ⑧シンボル Symbol ⑨リアリズム Realism ⑩選択的リアリズム Selective realism ⑪設定 Setting ⑫衣装 Costume ⑬照明 Lighting
音楽概念 Music Concepts	美学 Aethetics	①リズム Rhythm ②メロディー Melody ③調和 Harmony ④音質 Timble ⑤形 Form ⑥力強さ Dynamics ⑦歯切れ Articulation ⑧速度 Tempo ⑨テクスト Text ⑩ムード Mood ⑪文化 Culture
	表現 Expression	（上記に同じ）
	演奏 Performance	（上記に同じ）
健康概念 Health Concepts	身体的健康 Physical wellness	①病気 / 無秩序 Disease/disorder ②栄養 Nutrition ③練習 Exercise ④安全 Safety ⑤選択 Choices ⑥責任 Responsibility ⑦いじめ / 無視 Abuse/neglect ⑧変化 / 成長 Change/growth ⑨性 Sexuality ⑩安全性 Safety ⑪ライフサイクル Life cyle

	精神的 / 情緒的健康 Mental/ emotion wellness	①関係性 Relationship ②感情 Feeling ③行動 Behaviors ④権利 Rights ⑤責任 Responsibility ⑥ストレス Stress ⑦適応行動 Coping skills ⑧自己尊重 Self-esteem ⑨不安 Anxiety ⑩必要性 Needs ⑪紛争解決 Conflict resoution ⑫選択 Choices ⑬兆候 / サイン Symptoms/ サイン ⑭ライフスタイル Lifestyle ⑮怒りの統制 Anger management
	社会的健康 Social health	①関係性 Relationship ②コミュニケーション Communication ③家庭 / 地域 Family/community ④適応行動 Coping skills ⑤必要性 Needs ⑥相互依存 Inter- dependence ⑦紛争解決 Conflict resoution ⑧権利 / 責任 Rights /Responsibility ⑨支援資源 Support resources ⑩ライフスタイル Lifestyle
物理教育の概念 Physical Education Concepts	空間 Sapce、運動 Movement、角度 Angle、作用 / 反作用 Action/ reaction、エネルギー Energy、柔軟性 Flexibility、肉体的適応 Physical fitness、バランス Balance、速度 Speed、強度 Strength、耐久性 Eudurance、パターン Patterns、協同 Cooperation、対立 Conflict、運動適応 Motor fitness、集団活動 Teamwork、動作 Motion、範囲 Range、力 / パワー Force/power、行動 Behaviors、荷重移動 Weight transfer、成長 / 発達 Growth/development、機関車 Locomotion、協同 Cooperation	
科学的概念 Science Concepts	体系的秩序 Systems order	①環境 Environment ②エントロピー Entropy ③相対距離 Relative distance ④人口 Population ⑤パターン Patterns ⑥行動 Behaviors ⑦転移 Transfer ⑧相互作用 Interaction ⑨再生 Reproduction ⑩間隙 Niche
	根拠モデル Evidence models	①特性 Property ②行動性 Conductivity ③類似 / 差異 Similarities/differences ④分裂 / 融合 Fission/fusion ⑤周期 Cycles ⑥波動 Waves ⑦特質 Traits ⑧浸食 Erosion ⑨風化 Weathering ⑩化石 Fossils
	不変 Change constancy	①物質 Matter ②エネルギー Energy ③転移 Transfer ④波動 Waves ⑤動作 Motion ⑥力 / パワー Force/ power ⑦保存 Conservation ⑧突然変異 Mutation ⑨適合 Adaptation ⑩無秩序
	進化均衡 Evolution equilibrium	①バランス Balance ②遺伝 Heredity ③生態系 Ecosystem ④生息地 Habitat ⑤姿勢 Position ⑥統制 Regulation ⑦生存 Survaival ⑧行動 Behavior ⑨自然淘汰 Natural selection ⑩絶滅 Extinction
	枠組機能 Form function	①生き物 Living things ②自然 / 構成物 Natural/ constructed ③生命体 Organism ④細胞 Cells ⑤器官 Organ ⑥多様性 Diversity ⑦濃度 Density ⑧伝導 Conduction ⑨対流 Convection ⑩結合 Bonding

社会科概念 Social Studies Concepts	マクロ概念 Macroconcepts	① 文化 Culture ② 時間、継続性、変化 Time, continuity, change ③人々、場所、環境 People, places, environment ④個人の発達とアイデンティティ Individual development and identity ⑤個人、グループ、制度 Individuals, groups, institutions ⑥パワー、権威、統治 Power, authority, governance ⑦生産、分配、消費 Production, distribution, consumpttion ⑧市民理念 Civic ideals
	マイクロ概念 Microconcepts	文化 Culture、類似性 / 差異 Similarities/differences、展望 Perspective、行動 Behavior、アイデンティティ Identity、必要性 / 願望 Needs/wants、時間 Time、変化 / 継続性 Change/ continuity、立地 / 場所 Location/ place、空間 / 地区 Space/regions、資源 resouces 役割 / 地位 Role/status、パターン Patterns、対立 / 協同 Conflict/cooperation、伝統 Traditions、法律 / 規則 Laws/rules、相互依存 Interdependence、共通善 Common good、権利 / 責任 Rights/responsibilities、環境 Environment、パワー Power、秩序 Order、リーダーシップ Leadership、政府 Government、制限 Limits、運輸 Transportation、コミュニケーション Communication、グループ / 制度 Groups/institutions、起源 Origin、倫理 / 価値と信念 Ethics/values and beliefs、習慣 Customs、影響 Influence、正義 Justice 自由 Freedom、平等 Equality、シティズンシップ Citizenship、政治 Policy、供給 / 需要 Supply/demand、刺激物 Incentives、制度 System、交換取引 Barter、交換 Exchange、市場 Markets、消費 Consumption

(Erickson 2008：237-240) より筆者作成

④教科特有の関連概念

リン・エリクソンは、1995 年の著書で、「教科特有概念(Subject-Specific Concepts)」の諸例を**表 5-4** のように提起しています。表中の太字体は、複数回表示されているものを表していますが、これは筆者(福田)が付けたものです。複数の教科にまたがって使用される概念を意味します。

この段階では、まだ、教科を越える関連概念をそれほど意識していなかったと思われます。

表5-4　教科特有概念の例（1995年）

教　科	コンセプト（概念）	
科学 Science	原因 / 効果　**Cause/effect** 秩序　**Order** 生命体　**Organism** 人口　**Population** 制度　**System** 変化　**Change** 進化　**Evolution** 周期　**Cycle** 相互作用　**Interaction**	エネルギー 物質　Energy matter 均衡　Equilibrium 分野　**Field** 力　force 原型　Model 時間 / 空間　Time/space 理論　**Theory** 基本的本質　Fundamental entities 複製　Replication
社会科 Social Studies	原因 / 効果　**Cause/effect** 秩序　**Order** パターン　**Patterns** 生命体　**Organism** 人口　**Population** 制度　**System** 変化 / 文化　Change/culture 進化　**Evolution** 周期　**Cycle**	相互作用　**Interaction** 知覚　**Perception** 文明　Civilization 移動 / 移住　Migration/immigration 相互依存　Interdependence 多様性　Diversity 紛争 / 協同　**Conflict/cooperation** 刷新　Innovation 信念 / 価値　Belief/values
文学 Literature	原因 / 効果　**Cause/effect** 秩序　**Order** パターン　Patterns 性格　Character 相互関係　Interconnections 変化　**Change** 進化　**Evolution** 周期　**Cycle**	相互作用　**Interaction** 知覚　**Perception** 筋書き　Intrigue 情熱　Passion 嫌悪　Hate 愛情　Love 家族　Family 紛争 / 協同　**Conflict/cooperation**
数学 Mathematics	数　Number 比率　Ratio 割合　Proportion 尺度　Scale 対称　Symmerry 可能性　Probability パターン　**Pattern** 相互作用　**Interaction** 原因 / 効果　**Cause/effect**	秩序　**Order** 数量化　Qualification 制度　**System** 理論　**Theory** 分野　**Field** 傾き　Gradient 不変性　Invarience 型　Model

美術 Visual Art	リズム **Rhythm** 直線 Line 色 Color 価値 Value 形 Shape 感触 **Texture** 外観 Form 空間 Space	模写 Repetition 釣合 Balance 角度 Angle 知覚 **Perception** 姿勢 Position 動作 Motion 光 Light
音楽 Music	リズム **Rhythm** 旋律 Melody 調和 Harmony 音調 Tone 調子 Pitch 感触 **Texture**	表現形式 Form 速度 Tempo 動き Dynamics 響き Timbre パターン **Pattern** 知覚 **Perception**

（Erickson 1995：71）より筆者作成。太字は筆者が付けた。

　知識やイメージの意味そのものとしての概念と、概念や技能（スキル）を構成する方法的な概念とが、つまり「概念（know what）」と「概念（know how）」とが混在しているように見えます。また、国際バカロレア（IB）に当てはめてみると、（包括的な）重要概念あるいは（教科特有の）関連概念になります。

　例えば、昆虫を学ぶ時に、表5-4でいえば教科特有の関連概念は「進化」となります。つまり、「進化」を学ぶカリキュラムとしても昆虫が扱われるということです。昆虫の特徴を表す知識は、進化の概念の中で位置を確かめることで真偽が判断されます。別の概念レンズを当てれば、昆虫に関する知識が別の観点から確かめられます。

　この「進化」という概念は、人類の能力や文化の「進化」にも、生物種の「進化」にも、コンピュータや自動車の「進化」にも使えます。

　このうち、2001年発行の『頭・心・精神を覚醒する進行役ガイドブック（*Facilitaror's Guide: Stirring the Head, Heart, and Soul*）』では、表5-4の社会科の「人口」、数学の「数」が削除されています（Erickson 2001：29）。

⑤概念レンズ

　リン・エリクソンは、もともと、「ある科目の諸重要概念と諸原則 (key concepts and principles of a discipline) を理解すること」(Erickson 1998：vii) から出発したようです。1998 年の著書では、「概念過程レンズを通してみた国家標準 (National Standards Through a Concept-Process Lens)」という項目を設けて、

> 「1. 国家標準は、教科内であるいは教科を越えて統合思考 (integrated thinking) を促進するために、『概念を統合すること ("integrating concepts")』をはっきりと特定し、強調しているか。
>
> 2. 国家標準は、制限時間を越えて深い理解を構築するために (for building deep understanding over time)、体系的で発展的な概念枠組 (a systematic and developmental conceptual schema) を提供しているか。
>
> 3. 重大内容 (勉強のトピック) は、学年別にはっきりと特定してあるか (Is the critical content (topics of study) clearly identified by grade bands?)。
>
> 4. 重大内容は、科目の概念および概念的理念 (本質的理解、一般化、原則) と関連付けられているか。
>
> 5. (複雑なパフォーマンスの) 過程および重要スキルは、はっきりと特定されているか。
>
> 6. 過程やスキルは、科目の専門的なパフォーマンスやスキルを反映しているか。
>
> 7. 過程や重要スキルは、内容理解とは区別してあるか。
>
> 8. 国家標準は、概念理解を実演するパフォーマンスを提案しているか。
>
> 9. 国家標準は、重要概念および重大内容に関して、予備知識となる情報を教師に提供するのか。」(Erickson 1998：8-9)

と述べています。

　日本の状況に当てはめて解釈しますと、学習指導要領は、単元、

134

科目、教科を越えて概念型カリキュラムが組めるように配慮されて
いるか、という問いになっています。

　知識は多様であると考える人々にとっては、コンテンツ・ベース
の授業は十分ではありません。多様な内容を含み込んだ言葉の中身
を概念として把握していくことで、多様な人間のコミュニケーショ
ンも、知能の発達も成り立つのです。学際的に理解し、探究し、新
しいアイディアを創造するには、概念的思考こそが効果的だと欧米
の学校の教師たちは考えているようです。

　リン・エリクソンは、授業で概念的な問いを発し、生徒がより深
いレベルで知的な処理を行うように仕向けるには、カリキュラム作
成者が共同して概念レンズを決定すべきだと考えています（Erickson
et al. 2017：18、エリクソン他 2020：13）。このような立場で教科をこえる
重要概念（キー・コンセプト）の候補一覧を作成したわけです。

　さらに、リン・エリクソンは、概念レンズを一覧表にまとめて

表5-5　概念レンズの例（2017年）

紛争　Conflict	複雑さ　Complexity
信念／価値　Beliefs/Values	矛盾　Paradox
相互依存　Interdependence	相互作用　Interactions
自由　Freedom	変容　Transformations
アイデンティティ　Identity	行動様式　Patterns
関係　Relationships	起源　Origins
変化　Change	革命　Revolution
視点　Perspective	改革　Reform
権力　Power	影響　Infuluence
制度　System	釣合　Balance
構造／機能　Structure/Function	刷新　Innovation
デザイン　Design	才能　Genius
英雄　Heroes	実用性　Utility
力　Force	創造性　Creativity
比例　Proportionality	

（Erickson *et al.* 2017：13）

います。表5-5の説明では、マクロ概念もあればミクロ概念もあると言っていますので、雑多に集めてある感じは拭えません(Erickson *et al.* 2017：13、エリクソン他 2020：18)。「概念レンズ」の一覧表を年代順に比べてみますと、2007年の著書(Erickson 2007：12)、2009年の著書(Erickson 2009：51)、および2020年の日本語訳(エリクソン他 2020：18)では掲載されていませんが、2017年のリン・エリクソン、ロイス・ラニング(Lois A. Lanning)、レイチェル・フレンチ(Rachel French)の共著では、**表5-5**のように、比例(Proportionality)という一項目が追加されています(Erickson *et al.* 2017：13、エリクソン他 2020：18)。

⑥概念レンズの効果

リン・エリクソンたちは、

> 「概念型教師は、カリキュラムの資料をどう活用すればより深い理解が引き出せるかがわかっている。具体的に言うと、科目の重要概念を使って情報を整理し優先順位を付ければ、生徒の思考の道筋が作図できるということだ」(Erickson *et al.* 2017：12、エリクソン他 2020：16)

と書いています。そして、すぐ続けて、ジョン・ハッティ (John Hattie) とグレゴリー・イエーツ (Gregory C. R. Yates) のいう「コート掛け(coat hanger)」について、ジョン・ハッティは、

> 「われわれは、新しい知識をかけておく『コート掛け(あるいは高次の体系的概念、or higher-order concept)を教えられる必要がよくある」
>
> (Erickson *et al.* 2017：12、エリクソン他 2020：16)

と述べている、と解説しています。

リン・エリクソンたちの説明では、「精神(mind)は、整理されていないデータ(unstructured data)にはうまく働かない」ものである。しかし、概念やアイデア、通常は「マクロ概念(macroconcept)」を概念レ

ンズとして使えば、「思考を転移可能な概念レベルに引きつけ」「事
実と概念レベルとの間に起きてくる思考を統合する」(Erickson 2008：
105) ことができる。教師は、「現在取り組んでいる勉強に自分自身
の思考を持ち込むように働きかけ」て、「生徒の勉強に焦点や深み
(focus and depth to a study)」をもたらすことができる。これは、リン・
エリクソンがすでに述べてきたもの (Erickson 2008：105) だと共著では
説明されています (Erickson *et al.* 2017：12、エリクソン他 2020：17)。

　確かに、ハッティとイエーツは、リン・エリクソンたちと似た理
論を構成しています。

　「新しい資料をはじめから学習するよりは、筋の通った体系的
　な既存知識の上に学習する方が、とても簡単である。」(Hattie and
　Yates 2014：114、ハッティ＆イエーツ 2020：176)

　しかしもし、「先行知識が誤った概念化の上に成り立っていれば」
(Hattie and Yates 2014：115、ハッティ＆イエーツ 2020：176)、それが学習の
障害になるはずだ」とも指摘されています。ではどうしますか。

　ここで、ハッティとイエーツの文章の中に、エリクソンたちが引
用したことばが登場します。

　「精神は、整理されていないデータにはうまく働かない。規則
　性のない一覧表を覚えるよう強いられたり、関連性のない資料
　を処理したりする時などに、私たちはそうなる。私たちは何を
　学ぼうとするにも、秩序や構造や意味を見いだすことを必要と
　する。」(Hattie and Yates 2014：115、ハッティ＆イエーツ 2020：177)

　そこで、この「意味のあることや関連していることは、先行知識
に直接的に起因する」ものなので、

　「情報をいかにグループ化するか、いかにパターン化するか、
　系統性をどう使うか、いかに図示したり要約したりするかとい
　うことが示されれば、私たちはたくさんの恩恵を得る」(Hattie

and Yates 2014：115、ハッティ＆イエーツ 2020：177）

というわけだとハッティとイエーツは説明しています。これを一言で言えば、「概念レンズ」とか「コート掛け」という概念装置を使って活用すべき「重要概念」を提示しながら、学ぶべき知識を概念化するということになります。

　そして、このコート掛けこそが、教師が生徒に対して「私たちが何を学ぶべきかについての見通しを多くの場合に与える」もの、いわゆる「先行オーガナイザー（advance organisers）」となる、とハッティとイエーツは言います。

　この「先行オーガナイザー」は、「先行知識を活発化させ、これによって私たちは効果的に新しい情報を獲得することができるようになる」だけでなく、

　　「もしこの先行オーガナイザーが、学習の最後に現れる成功の規準を明示していれば、それが助けとなってコート掛けが提供される。つまり私たちはそこで『ああ、やっとわかりました』ということになる」（Hattie and Yates 2014：115、ハッティ＆イエーツ 2020：177）

と、ハッティとイエーツによって説明されています。

　言い方を変えれば、ヴィゴツキーが 1930 年頃に理論化した、演繹的な教授理論を機能的な生活的概念にいかに重ねるかという問題を今解いているということになります。

⑦概念レンズの使い方

　概念レンズは、自己が理解している概念をより明確にしますから、単元、科目、教科を越えて概念を関連付けて整理するだけでなく、知識の意味理解を深め、記憶に残す効果があると考えられます。

　教師は「重要概念」ないし「本質概念（essential concepts）」を提示して、

今学んでいる新しい知識がなぜそうなるのか、他のケースでもうま
くいくのかなどと生徒に考えさせながら、生徒が理解している概念
を深めさせ、一般化していきます。「重要概念」は概念レンズとし
て知識を演繹的に転移します。生徒は発言したり、協働活動をする
中で、さまざまな思考を組み合わせて、知識が示す概念の有効性を
確認し概念を高めていきます。

　授業で理解すべき体系的知識、すなわち「学習の最後に現れる成
功の規準」を理解目標として、「より高次の体系的概念」というコー
ト掛けにかけておく、つまり生徒たちに見える化しておくという教
育方法を、ハッティとイエーツは持ち出してきたというわけです。

　伝統的なカリキュラムは、知識やスキルを計画的に取り出して、
系統的・組織的に教えようというものです。これを、コンテンツ・
ベースの教育と呼びます。ところが、カリキュラムに沿って取り出
すとしても、小さな部分に分けて断片的に取り出すわけですから、
意味づけをすることがとても難しく、理解がなかなか深まりません。
そのために、十分に理解されていない知識は、構造化されていない
データ（unstructured data）、エリクソンが言う「整理されていないデー
タ」（Erickson *et al.* 2017：12、エリクソン他 2020：17）に終わってしまいがち
です。

　そこで、知識の構造化を促す概念を先に提示してしまおうという
のが、リン・エリクソンの提起する「概念レンズ」という考えです。

　知識やスキルの意味づけ、すなわち体系化された理解と知的能力
の形成は、活動的な授業の中で、主体的な学びによって、学習者本
人が行うことです。つまり、学びの成果は、授業の質によってより
可能性が高まるわけですが、何を学び取るかは、言い換えれば新し
い知識の習得、概念のより一般化、さらに新しい概念の創造という
成果の有無は、学習者本人の学習活動が決めていくことなのです。

　コート掛けに、今考えの対象となっている知識を示しておきます。これは、思考の対象となる「概念(know-what)」です。概念レンズをあてはめながら「なぜこんなことが言えるのだろうか」と思考のプロセスをたどり、論理の筋道を示す「概念(know-how)」で確かめ、考察します。チームワークで、これを探究したり、実現し、表現することもできます。具体的事例や応用問題などで確かにそうだと確認したり、演劇で表現したりみます。「そういうことか」「これでわかったぞ」と理解した段階で、自分なりの説明や表現ができるように文(ことば)にすると、この人の知識が作り上げられます。その子どもの持っている概念が豊かであれば、具体的にわかりやすく他者にも説明することができます。こうして、教科書に書いてある言葉やことばだけを知識として覚えるのではなく、自分の理解も含めて説明できるようになって、学習したことになるわけです。

　「コート掛け」は、新しい知識を学ぶときに、正解の「規準(criteria)」を先に示してそこにたどり着こうという発想のようです。「重要概念」を教師が持ち込むのではなく、知識を構成している概念に生徒がたどり着くことを期待します。

　昆虫という新しい知識を習うときに、「昆虫は足が6本で、体は頭・胸・腹からできている」という知識を「コート掛け」にかけたと

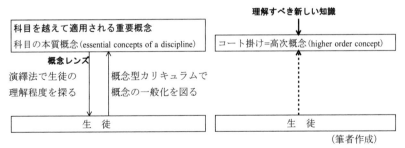

図5-1　科目の重要概念とコート掛けの関係

しましょう。この場合、この知識は、「概念（know-what）」にあたります。

　昆虫という概念を「概念レンズ」として用いて、ネコやイヌを観察してみても、うまく合いません。この場合、転移（transfer）は失敗します。アリとかカブトムシ、トンボやチョウとかには概念の転移はうまくいきます。これは、「概念（know-what）」で確かめた場合です。

　この場合、どうやって昆虫を見分けられたのでしょうか。この時の「概念レンズ」は、足が6本で、体の構成は頭・胸・腹であるという概念であったとしましょう。「重要概念」のレベルでは、「システム」「構成／機能」などが相当します。これは、「概念（know-how）」です。見分けられたのなら、ちゃんと理解しているでしょうか。

　足が6本という範囲で昆虫の概念を理解することと、体の仕組みを頭・胸・腹という3つと理解することは別々の規準です。ところが具体的に絵を描かせると、上から見てトンボやカブトムシの足が腹のあたりから出ている絵が多く、頭の横に描く子どももいます。

　そこで、カブトムシをひっくり返して足は胸から出ているとまで探究するかどうかです。

　昆虫の足は胸から出ているという概念理解をしている子どもは、図などを使って詳しくテストをしてみると、13〜28％くらいいるようです。そもそも、腹が足よりも下、一番端にあるという配置は、人間には理解しにくいことです。この場合は、骨格という関連概念を使って理解することになります。

　もしこのレベルまで概念理解すべきだと考えるならば、「足が6本」「体は頭・胸・腹」という規準を「足は胸に6本」とレベルアップすることになります。「重要概念」を「システム」「構成／機能」に絞ったとしても、どこまで探究するかは一律には決めがたいことです。

　授業が終わったとき、子どもたちの頭の中には、昆虫という新概念は「コート掛け」から外され、動物（上位概念）―昆虫（カブトムシな

ど同位概念）―足が 6 本（下位概念）、という概念構造が出来上がって
います。このような概念理解ができれば、概念型カリキュラムにも
とづく授業は成功したと評価できます。

　足が 4 本の昆虫はいないのか、という疑問が出たときには、「シ
ステム」「構成／機能」という「重要概念」そのものが深まっていきま
す。

⑧教科をこえる重要概念（キー・コンセプト）

　カリキュラム上、昆虫というトピック（単元）が、「進化」という教科
をこえる重要概念の中で扱われたとしましょう。この場合、他の複
数のトピックを統合して、「進化」という概念にたどり着くこと、つ
まり昆虫の概念を進化の概念まで深めることが教育目標となります。

　概念型カリキュラムでは、昆虫の体の細部とか、足の数は一例で
しかなく、特に覚えなくてはならない知識とは考えられていないよ
うです。

　日本では、どうしても、知識を教えようとしますから、授業で教
えるべき主要な概念は科学的法則よりは、教科関連概念、しかも名
詞になりがちです。それでも、コンセプト・ベースの教育は柔軟な
学びに変えられるのではないでしょうか。

　概念を学ぶことは、要素となる知識は個々人によって異なっても
よく、多様な見解が含み込まれてきます。昆虫の概念を学ぶことは、
昆虫の名前をたくさん知っていればよいということではありません。
複数の具体例から、昆虫の特徴を一般化していくプロセスを踏んで、
昆虫という概念を理解すればよいのです。「昆虫は、虫の一部である」
「翅は 2 対 4 枚、ないものもいる」「発見されている生物種の半分以
上を占めているので、まだたくさん新種がいるだろう」「人類に発
見されないまま絶滅している昆虫もたくさんいるだろう」と、こん

なことでも昆虫の概念の要素になります。ですから、概念を学ぶ学習はいろいろあって、それぞれが学習です。

リン・エリクソンの概念レンズも、IBMYP の重要概念も、この特徴をとらえ、一般化していく活動のプロセスを創り出す概念に目を向けています。つまり、対象とすべき知識や、問題解決に使用するスキルを集め・組み合わせて探究する活動を組織しながら、結果的にこれまでの自分の知識を修正したり、新しい知識を理解したり創造したりする学習をするわけです。いわゆるコンピテンス・ベースの学習をするための重要な概念を本書17ページの表1-2と19ページの表 1-3 は示しているようです。

たとえば creativity は、一般に創造性と訳されます。ですが、新しいものを創り出すというのはそう簡単にできることではありません。漢語に直すと、日本人の感覚とズレてしまうので、筆者はクリエイティビティと訳すことにしています。

このプロセスは、ただやればいいというものではありません。知恵を働かせ、工夫をし、リフレクションしながら、他者と協働して一生懸命に努力し、成果を出そう、産物を造ろう、解決を図ろうと活動するわけです。もし、達成できなかったとしても、自ら決めて努力したプロセスならば、well-being、ある種の満足感、幸せ感が経験できるはずです。同時に、コンピテンスも少なからず発達し、得られたネガティブ・データも次の活動には貴重なデータとして残ります。コンピテンス・ベースの教育とか授業とは、このようなものののようです。

表 5-6 は、授業の組み立てとその流れをリン・エリクソンが整理したもの (Erickson *et al.* 2017：129-130、エリクソン他 2020：157) を参考にして、筆者が最上段を付け加えて説明し直しました。また、表中の PYP 科目をこえたテーマとは、教科ではなく「探究の単元 (Unit of

表5-6　概念型カリキュラムと IB（国際バカロレア）カリキュラムとの用語の対応関係

一般の概念型カリキュラム（モジュール型）	IB カリキュラム（リニア型）
	0.PYP 科目の枠をこえたテーマ（PYP transdisciplinary theme）、MYP グローバル・コンテクスト（MYP global context） 各6テーマ
1. マクロ概念（Macroconcepts） 教科横断的に、広く、一般的に転移する。	**1. 重要概念（Key Concepts）** PYP は 6、MYP は 16 概念が指定
2. ミクロ概念（Microconcepts） 一般的に科目に特殊なもの。	**2. 関連概念（Related Concepts）** PYP は各4〜5例が提示、MYP は『指導の手引き』で指定
3. 概念レンズ（Conceptual Lens）	**3. 重要概念（Key Concepts）** 個別の授業で扱うもの
4. 一般化や原理（Generalizations or Principles）	**4. 中心的アイディア、探究テーマ（Central Ideas; Statements of Inquiry）**
5. 案内的発問（Guiding Questions）	**5. 教師の質問（Teacher Questions）**
6. 相乗的思考（Synergistic Thinking）	
7. 二次元カリキュラム対三次元カリキュラムと指導（Two-Dimensional Versus Three-Dimensional Curriculum and Instruction）	三次元カリキュラムと指導

（Erickson *et al.* 2017：129、エリクソン他 2020：157）を参考にして筆者が作成した。

Inquiry）」という統合科目で探究されるものです。

　表5-7、図5-2 は、三つの次元のカリキュラムを比較整理してみました。概念型カリキュラムというコンセプトは、考える授業、探究型の授業をどう進めるかという案内になると思います。

表 5-7　カリキュラムの次元とその特徴の比較

一次元カリキュラムと指導	二次元カリキュラムと指導	三次元カリキュラムと指導
①教える正統な理論、疑う余地のない真理 客観的なもの	①経験に基づいた真実 ②経験に基づいたスキル	①事実 ②スキル ③知識と概念の構成
演繹法に基づく授業（**教科重要事項・教師起点**）知識を理解して覚え、スキルを実践する	経験主義、構成主義、帰納法（**生徒起点**）スキルを実践、知識を構成する	演繹法と帰納法の往復作業（**生徒起点・教師支援**）知識を概念構造として一般化して理解する
教師から生徒への教科内容の伝達 演繹法、講義・説明	教師主導の対話法 生徒の授業参加 教科内容の再現を目標 生徒の経験に由来する興味・関心や問いを発して学習意欲を喚起しながら教える	教科重要事項の理解・活用が目標 生徒の探究活動と構成主義、グループ・個人の探究活動 学習内容をクリティカル・シンキングし概念に一般化 観察や実験に基づいて原理を構成する 概念を組み合わせて知識を構成する

リン・エリクソンの図式（Erickson *et al.* 2017：7-9、エリクソン 2020：10-12）を修正して筆者作成

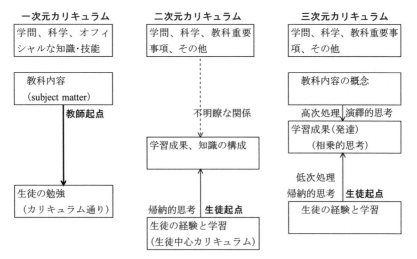

図 5-2　カリキュラムの次元と学習の動きの比較　　（筆者作成）

(3)「逆向き設計」との対比

　グラント・ウィギンズ（Grant Wiggins）とジェイ・マクタイ（Jay McTighe）の共著『*Understanding by Design*（理解をもたらすカリキュラム設計—「逆向き設計」の理論と方法）』は、理解することに焦点を当てた授業作りの実践書です。

　授業の対象者は、K-16 となっていて、幼稚園から大学生までが論じられています。ピアジェの発達心理学で言えば、形式的操作期の学習理論が主として扱われています。

　ウィギンズたちの教育方法は、知ること（knowing）と理解すること（understanding）とは異なっていて、言葉（word）やことば（speech）を覚えたからと言って理解しているわけではないという問題意識を出発点としています。ちょうど、ヒルダ・タバが疑似概念に注目したと同じです。ウィギンズたちは、これを初等教育のみならず、高等教育まで広げて問題視したわけです。

　授業とは生徒や学生が自ら考える必要があるからですが、探究が研究に至る大学における学習の質、創造し生産する学びがとくに今日では重視されているからです。

　知ることと理解することが違うという問題意識は、本書では「概念（know what）」と「概念（know how）」と分けて説明していることと同じです。

　　「理解とは、精神的な構成物であり、たくさんの個別的な知識の断片から意味を創り出すために人間の精神が行う抽象化なのである。」（Wiggins and McTighe 2005：37、ウィギンズ＆マクタイ 2012：43）

とウィギンズとマクタイは言っています。

　ウィギンズは、リン・エリクソンからの影響を受け、また米国教

育界の動向をリードしていますが、概念 (concept) よりは理念 (idea) を使って論理を組み立てています。そこで本書では、混乱を避けながら概念型カリキュラムを説明するために、キー・ワードである「big ideas」を「大きなアイデア」と直訳していきます。

　米国では、科学を 5 つの「最大級のアイデア (biggest iedeas)」で語ろうとする一般書 (Wynn and Wiggins 1996、ウィン & ウィギンズ 1997) が 1996 年に出版されているほどですから、科学的概念の組み直しは世の流れだったのかも知れません。この書籍では、科学が「原子の物理学的モデル」「元素の周期律」「天文学のビッグバン理論」「プレートテクトニクスモデル」「進化論」という 5 つのアイディアで語られています。

　　「私たちの仕事仲間であるリン・エリクソンは、『大きなアイデア』の有用な作業定義を提供している」(Wiggins and McTighe 2005： 69、ウィギンズ & マクタイ 2012：82)

とウィギンズとマクタイは言っています。このように、リン・エリクソンの次の一節から「大きなアイデア」の構想が明確になったようです。

　その一節とは、この用語、つまり conflict (紛争) が、概念たり得るかどうか判断できますかとリン・エリクソンが読者に問うている部分です。

　　「あなたは、この用語が、高次概念 (higher-level concept) が精神的枠組あるいは構築物の実例という役を果たしていると考えているだろうか。次のような規準 (following criteria) でよいだろうか。

　　　・ 幅広く、抽象的である (Broad and abstract)。

　　　・ 1 つか 2 つの用語で表される (Represented by one or two words)。

　　　・ 普遍的に応用される (Universal in application)。

　　　・ 不朽である、つまり一生持続する (Timeless -- carries through the

ages)。

- 特性を共有する様々な例によって表現される(Represented by different examples that share common attributes)。」(Erickson 2001：30)

と書いているのです。そうなると、「大きなアイデア」とは「概念レンズ」となるような高次概念と見なしてもよいようです。

これを受けて、ウィギンズとマクタイは、

「これをより一般的に言い直せば、私たちが見てきた通り、大きなアイデアは次のようなものとしてとらえることができる。

- あらゆる研究に、焦点が合う概念「レンズ」を提供する。
- たくさんの事実、スキル、経験を関連づけて体系化することによって意味の広がりを提供し、理解の留め具として作用する。
- 熟達者の教科理解の中心にあるアイデアを指し示す。
- 意味や価値は学習者にはまれにしか明らかでなく、反直感的で、誤解されやすいので、「見破ること」が必要である。
- 大きな転移価値がある。すなわち、他の多くの探究や長期的な論点に応用されること、カリキュラムの中においても学校の外においても、「水平的」(教科横断的)にも「垂直的」(その後の科目で何年も)にも応用される。」(Wiggins and McTighe 2005：69、ウィギンズ＆マクタイ 2012：82-83)

と説明しています。同時にまた、後に述べるように、二人が示す「理解」の観点にもこのアイデアが使われています。

ウィギンズとマクタイもまた、「大きなアイデア」という用語は、リン・エリクソンも取り入れていると指摘しています(Wiggins and McTighe 2005：130、ウィギンズ＆マクタイ 2012：157)。

確かに、1998 年の共著で、ウィギンズとマクタイは、生徒が探究するとはどういうことかを述べています。

「大きなアイデアは、二つの方法で記述できる。一つは、起源、サブジェクト・マター（教科内容）、あるいは空間と時間を越えて持続する概念や原理を含むものとして。もう一つは、かなめ要のアイデア、すなわちある教科を理解する生徒の能力にとって決定的なものとして。だが、現代の教科はどれも皆、明白でないアイデアに基づいている。たとえば、地球は動いているように見えないのに、ハムレットの戯曲が 14 歳の生徒に妥当だとは思えないのに、導関数や積分が未熟な計算好きの生徒に概念的な感覚を何ら生まないのに。」(Wiggins and McTighe 1998：113-114)

という具合です。話は前後しますが、「大きなアイデア」は、ウィギンズとマクタイの方が先に使っています。しかし、リン・エリクソンの方が、本質を突いた、簡潔で明快な提起を行っています。たとえば、

「一般化は、永続的理解であり、『大きなアイデア』であり、勉強中に『だから何なの (so what?)』という問いに対する答えである。」(Erickson 2001：33)

「だから何なの」とは、生徒が「そんなこと、俺には関係ないよ」と言っているなら、答えは今学んでいることはずっと意味あることだと説明できますよ、ということです。

「大きなアイデア」は、次のように定義されています。

「大きなアイデアは、単なるもう一つの事実とか、あるいは曖昧な抽象化ではなくて、思考を研ぎ澄まし、食い違う知識の断片を関連づけ、学習者に転移可能な応用 (transferable applications) を用意するための概念的なツール (conceptual tool) である。」(Wiggins and McTighe 2005：70、ウィギンズ＆マクタイ 2012：83)

表 5-8 と**表 5-9** を見ていただければ、「大きなアイデア」は、重要概念とか概念レンズに相当する概念だということがよく理解でき

表5-8　大きなアイデアの一例

豊富 / 不足　abundance/scarcity	友情　friendship
受容 / 拒絶　acceptance/rejection	調和　harmony
適応　adaptation	名誉　honor
加齢 / 成熟　aging/maturity	相互作用　interactions
釣り合い　balance	相互依存　interdependence
変化 / 連続　change/continuity	発明　invention
特徴　character	正義　justice
(複数の) 地域　community (ies)	自由　liberty
紛争　conflict	忠誠　loyalty
関連　connections	人口移動　migration
協同　cooperation	気分　mood
相関　correlation	秩序　order
勇気　courage	パターン　patterns
創造　creativity	パースペクティブ　perspective
文化　culture	生産　production
循環　cycles	証明　proof
防衛 / 保護　defense/protection	反復　repetition
民主主義　democracy	リズム　rhythm
発見　discovery	生き残り　survival
多様性　diversity	シンボル　symbol
環境　environment	システム　system
均衡　equilibrium	技術　technology
進化　evolution	専制政治　tyranny
探究　exploration	変化 / 変数　variance/variable
公平　fairness	富　wealth

(Wiggins and McTighe 2005：74、ウィギンズ & マクタイ 2012：88) より表を作成

表5-9　大きなアイデアを生み出す対概念の一例

吸収する－反射する　absorb & reflect	類似－相違　like & unlike
作用－反作用　action & reaction	文字通りの／比喩的な　literal & figurative
資本－労働　capital & labor	物質／エネルギー　matter & energy
不変－変数　constant & variable	意味－構文　meaning & syntax
連続－変化　continuity & change	国家－人民　nation & people
要因－結果　factor & result	生まれ－育ち　nature & nurture
宿命－自由　fate & freedom	権力－統治　power & governance
調和－不調和　harmony & dissonance	記号（意味するもの）－記号内容（意味さ
語法－言語　idiom & language	れるもの）　sign & signified
重要な－緊急の　important & urgent	構造－役割　structure & function
光－影　light & shadow	和－差　sum & difference

（Wiggins and McTighe 2005：74-75、ウィギンズ＆マクタイ 2012：89）より表を作成

ます。

　ウィギンズとマクタイの「逆向き設計」とは、学校・大学の授業をイン・プット型からアウト・プット型に転換し、評価すべきことを先に決めてから、評価されるように学習しようという構想です（**表5-10**）。

　二人がとくに重視して、授業プロセスを精緻に法則化したことは、「理解（understanding）」を確実に実現しようということです。

　理解の定義は、以下のように述べられています（Wiggins and McTighe 2005：128-129、ウィギンズ＆マクタイ 2012：155-156）。

1. 理解は、熟達者の経験から導き出された重要な推論であり、明確かつ有益な一般化として述べられる。

2. 理解は、特定のトピックを越えて永続的な価値を持つ、転移可能な大きなアイデアから起きてくる。

3. 理解は、抽象的で反直感的な、容易に誤解されるアイデアを含んでいる。

4. 理解は、「見破る」ことによってもっともうまく獲得される（つまり、理解は学習者たちが帰納的に発達させて構成したものでなくてはならない）、また主体を「演じる」こと（つまり、アイデアを現実的な設定で現実世界の問題に活用すること）。

5. 理解は、スキルの領域における重要な戦略の原理を集約するものである。

重要な概念ならば様々な出来事にも応用され、探究によって理解は際限なく起きてくるもので、学習が完了することはない、とウィギンズとマクタイは考えたようです。

　「永続的理解 (enduring understandings) は、より大きな概念 (larger concepts)、原理、またはプロセスに焦点を合わせようとして、関連のない事実やスキルを活用する。それらは、引き出され、転移可能である。つまり教科の中で、あるいは教科を越えた新しい状況に応用できるものである。」(Wiggins and McTighe 2005：128、ウィギンズ＆マクタイ 2012：155)

たとえば、マグナカルタの制定は、「特定の歴史的な出来事」として学びます。しかしこの出来事は、「近代民主主義社会の礎石 (cornerstone)」となったもので、「より大きなアイデア、法の支配への重要性」、すなわち「政府の権限の限界と個人の権利が明確になるというアイデア」という重い、一般的な価値を持っているわけです。生徒は、「この理解を新しい状況において」使う可能性があり、たとえば「発展途上国の世界において現れつつある民主主義について研究する際に、用いることができる」と、ウィギンズとマクタイは指摘しています (Wiggins and McTighe 2005：128-129、ウィギンズ＆マクタイ 2012：155-156)。

　このような重要な概念ならば、授業を通してしっかり学び、よく理解しておこうと生徒たちは納得すると思われます。そう、教師・

教員が生徒・学生に語りかけようという彼らの提起と受け止めましょう。

　　「生徒が理解するためには、実践者が新しい理解を生み出すときに行うことを、真似なくてはならない。すなわち、熟考し、提案し、検査し、問いかけ、批判し、立証することが必要である (namely, they consider, propose, test, question, criticize, and verify)。理解は、信念 (faith) によって受け入れられるものではなく、精査され、実証される (investigated and substantiated) ものである。」(Wiggins and McTighe 2005：129、ウィギンズ＆マクタイ 2012：156)

　ウィギンズとマクタイが構想した授業のプロセスは、たくさんのプロセスの積み重ねになっています。ここまで来るまでに、実は14 年という教育実践の長い道のりがあったようです。しかも、改革のヒントになったのはまたもやリン・エリクソンの指摘でした。

　　「いささかはずかしいことなのだが、本書の初版では、理解とは何かについての扱いが、とりわけその例において一貫してなかったことに、私たちは気づいたのである。私たちが理解とは何かについてのより一貫した綿密な説明を発展させることができたのは、(第 3 章でふれた) 一般化に関するリンの研究を通してである。」(Wiggins and McTighe 2005：130、ウィギンズ＆マクタイ 2012：156-157)

このリンの研究とは、次のような一節でした。

　「一般化 (generalization) は、正式にはある関連性の中で述べられた 2 つもしくはそれ以上の概念 (two or more concepts) として定義される。普遍的な一般化は、1 つの概念 (a concept) と同じ特徴 (same characteristics) を持っている。

- 幅広く、抽象的である (Broad and abstract)。
- 普遍的に応用される (Universal in application)。

- 一般的に不朽である、つまり一生持続する (Generally timeless -- carry through the ages)。
- 様々な例によって表現され、しかもそれらの例は一般化を支える (Represented by different examples, but the examples support the generalization)。」(Erickson 2001：35)

ウィギンズたちは、4 点目を「様々な例によって表現される」と省略しているわけですが、理論を体系化する構造をリン・エリクソンが提供したことは確かなようです。先に紹介したエリクソンの記述(本書 146-147 ページ) とは、同一著書ですが表現が少し違っています。

　ウィギンズとマクタイが確立した授業プロセスでは、教師は、子どもたちと一緒の学習集団にいて (in the company of learners)、①教授や個別指導 (didactic (or direct) instruction) をする教師、②生徒の学習活動に対する「構成主義的な支援 (constructivist facilitation)」を行う進行役、③生徒が披露する成果発表のコーチという 3 つの役割が予定されています。さらに、「理解をもたらすカリキュラム設計 (UbD)」、いわゆる「逆向き設計」の核心として、①授業の設計者 (designer)、②生徒の作品の評価者 (evaluator)、③授業効果 (effectiveness) の研究者 (researcher) という 3 つの独立した役割を演ずることが教師・教員には求められている、と説明されています (Wiggins and McTighe 2005：240、ウィギンズ & マクタイ 2012：283)。

　このような設定に従って、生徒たちは実に多くのステップを踏んでいきます。危惧されることは、生徒・学生側にオリジナリティを発揮する余地はどのくらいあるのかということでしょう。

　いずれにしても、ウィギンズとマクタイが確立した授業プロセスの評価では、6 側面が評価のルーブリックになるように提示されています。生徒・学生たちは、知識・技能を学びながら、①説明、②解釈、③応用、④パースペクティブ、⑤共感、とたどっていって、

最後に⑥自己認識へと行き着きます。知識を学び、考え、探究し、実行したり活用して、最後に本人が納得するとここで理解が成立します。こうして概念が一般化、社会化され、自分の中に再構造化され、時には新しい概念が生み出され、こうして自分が理解し、自分でも使える、他者とは微妙に違う自分自身の知識が出来上がります。このプロセスが、いわゆる社会構成主義です。

　ウィギンズとマクタイは、最後の側面 6「自己認識」を自覚的な (self-aware)、メタ認知的な (metacognition)、自己調整する (self-adjusting)、リフレクティブな (reflective、内省的な)、賢明な (wise、賢い) と説明しています (Wiggins and McTighe 2005：177、ウィギンズ＆マクタイ 2012：211)。これこそ、ヨーロッパでは「キー・コンピテンシー」(福田誠治 2022) として議論されてきたものと重なります。

表 5-10　授業のプロセス―教授／学習の姿

教師が行うこと What the teacher uses	生徒が行うこと What the students need to do
教授や個別指導 Didactic or direct instruction 実演やモデル作り 　demonstration or modeling 教授 lecture 問い (収れんするもの) 　questions (convergent)	**受信する、参加する、応答する** Receive, take in, respond 観察する、試行する、実践する、洗練する 　observe, attempt, practice, refine 聞く、見る、ノートをとる、質問する 　listen, watch, take notes, question 答える、応答する 　answer, give responses

支援的方法や構成主義的方法 Facilitative or Constructivist methods	構成する、点検する、意味を拡張する Construct, examine, and extend meaning
概念の獲得 concept attainment	比較する、帰納する、定義する、一般化する compare, induce, define, generalize
協同学習 cooperative learning	協働する、他者を支援する、教える collaborate, support others, teach
討論　discussion	聞く、質問する、熟慮する、説明する listen, question, consider, explain
実験的探究　experimental inquiry	仮説を立てる、データを集める、分析する hypothesize, gather data, analyze
図解提示　graphic representation	視覚化する、関連付ける、関連を図示する visualize, connect, map relationship
探究案内　guided inquiry	質問する、研究する、結論を出す、裏付ける question, research, conclude, support
問題解決型学習　problem-based learning	問題を提起し定義する、解決する、評価する pose or define problems, solve, evaluate
問い（オープンエンド） questions (open-ended)	答えて説明する、リフレクションする、再考する answer and explain, reflect, rethink
教え合い　reciprocal teaching	明瞭にする、質問する、予想する、教える clarify, question, predict, teach
シミュレーション（模擬裁判など） simulation (e.g., mock trial)	検討する、熟慮する、挑戦する、論争する examine, consider, challenge, debate
対話式セミナー　Socratic seminar	熟慮する、説明する、挑戦する、正当化する consider, explain, challenge, justify
作文手法　writing process	集団的創造思考、組織する、草稿を書く、改定する brainstorm, organize, draft, revise
コーチ　Coaching	スキルを洗練する、理解を深める Refine skills, deepen understandings
フィードバックとコーチ feedback and coaching	聞く、考慮する、練習する、再挑戦する、洗練する listen, consider, practice, retry, refine
実践案内　guided practice	修正する、リフレクションする、洗練する、全体の手直しをする revise, reflect, refine, recycle through

（Wiggins and McTighe 2005：241、ウィギンズ＆マクタイ 2012：283）

第6章　大学の授業

（1）米国の大学教育の変化

　米国では、連邦報告書『危機に立つ国家』（1983年）においてすでに高校生や大学生の低学力が問題になっていました。さらに、米国「国立教育研究所」が資金提供して「米国の高等教育における優越状況研究グループ」が組織され、1984年10月には最終報告書『学習への関与―米国高等教育の可能性を実現する』が刊行されています。学ぼうとしない学生、学ぶ意欲の無い学生をどう授業に引き入れるか、それが大学の課題となっていました。

　大学教育の大きな転機は、1991年にやってきます。経済競争力の回復を目指す国策と連動して『教育と学習の新方向』という教育方法に関する論文集が季刊誌として1980年から刊行されていましたが、1991年には『7つの原則を学部教育のすぐれた実践に適用する』（Chickering and Gamson 1991）と題する特別号が刊行されます。7つの原則のうちの一つに、探究、グループ活動、報告、発表という実践活動を重視する「アクティブ・ラーニング」を奨励すると明示されました。

　時を合わせたように、デービット・ジョンソン（David W. Johnson）、ロジャー・ジョンソン（Roger T. Johnson）、カール・スミス（Karl A.

Smith) 著『アクティブ・ラーニング―大学の教室における協同』(Johnson *et al.* 1991、ジョンソン他 2001) が 1991 年に出版されました。

さらに、政策として決定的な影響力を及ぼしたのは、米国教育省立「教育リソース情報センター（ERIC)」の「高等教育情報収集部」が、1980 年代の大学教育改革に関する有益な論文を再編集して 1991 年に『高等教育レポート』を刊行します。これには『アクティブ・ラーニング』(Bonwell and Eison 1991、ボンウェル & エイソン 2017) というタイトルがつけられていました。

この 1991 年には、米国の政治経済学者ロバート・ライシュ (Robert Bernard Reich) が名著『ザ・ワーク・オブ・ネーションズ』を出版しています。彼は、新しい職業を「シンボル分析サービス」ととらえ、「シンボル操作によって問題点を解決し、つきとめ、取り仕切る」、たとえば、「資源の有効な活用や金融資産の移動、あるいは時間とエネルギーの節約の仕方の発見」(Reich 1991：178、ライシュ 1991：245) といった、問題の解決、問題のつきとめ、問題の取り仕切りという活動が含まれると言います。シンボル分析サービスは、労働時間や仕事量で測られることはなく、むしろ「仕事の質や独創性、頭の良さ、そして場合によっては新しい問題を解決し、つきとめ、取り仕切る速さ」(Reich 1991：179、ライシュ 1991：246) によって決まると判断しました。仕事の形態は、一人か少人数チームで行い、それも世界的な組織網を持つ機関と結びつくこともあると見ます。チームワークは重要な役割を果たし、「何気ない私的な語らい」のなかから「洞察や発見」が生まれ、活用され、即座に評価されることもあるだろう。新しい発想が生まれ、蓄積され体得された学習成果は移植しにくいので、シンボリック・アナリスト (symbolic analysts) が集い、交流し、創造性が生み出される「シンボル分析ゾーン」(Reich 1991：235、ライシュ 1991：324) という場所を新たに企業内に設置するべきだと提唱しま

した。

　要するに、言葉を覚えているだけでは使い物にならない、言葉や記号のなかみを知っていてそれを有効に操作する課題解決力が求められる時代になってきているというのです。ルーティンワークではなく、状況に応じて必要な知識・技能を組み合わせ、つまり概念を操作して問題解決するという能力、すなわちコンピテンスが重視されるようになってきていると指摘したのです。そこは、同一労働同一賃金といった価値観でとらえられる世界ではないようです。

　ロバート・ライシュは、新しい職業に対応する新しい能力の形成という点で米国の教育制度を高く評価しています。それは、二つの点で優位に立っていると彼は言います。

　　「一つは、米国ほど、最も恵まれ、才能の豊かな子ども、つまり未来のシンボリック・アナリストをうまく教育している国はない、という事実である。二つ目は、米国ほど、現に活躍しているシンボリック・アナリストが多数いて、それだけお互いに継続的にまた打ち解けて学べる国はない、という事実である。」
　　（Reich 1991：225-226、ライシュ 1991：311）

　しかも、産業構造の変化には米国の教育はうまく対応できているとロバート・ライシュは評価しました。

　　「最も恵まれた子どもたちを、人生を通じ、クリエイティブに問題を解決し、問題をつきとめ、問題を取り仕切るように育てているのはアメリカ社会をおいて他にはない。米国最高の 4 年制大学は世界でも最高である。」（Reich 1991：228、ライシュ 1991：314）

　翻って、むしろ心配すべきは日本の教育の方であると、次のように述べました。

　　「日本の教育はこれとまったく逆である。日本の大学の欠点や、

　日本の中等学校が提供する活気がない教育は、広く言われて
いる。日本の教育上の最大の成功は、最も習得の遅い生徒でも、
比較的高い熟練度に達する点にある。」

　このような見解は、『危機に立つ国家』によって米国内に形成さ
れた「日本を見習え」という教育改革の視点とは鮮やかな対比をな
しています。伝統的な教育手法をより強化して学力向上を図る保守
派もいますが、ライシュに言わせればそれはせいぜい「ルーティン
生産サービス」と「対人サービス」という古い職業の能力でしかない
というのです。米国は「21世紀資本主義に備えて」、「シンボル分析
サービス」の能力こそを育成しなくてはならないと、ロバート・ラ
イシュは主張しました。

　1993〜1997年には、このロバート・ライシュは、ビル・クリン
トン大統領のもとで労働長官となりました。一人ひとりのユニーク
な能力開発に価値をおくネオリベラリズムは、すでに30年以上前
に米国社会には受け入れられていたのです。

(2) 2000年にはクリエイティブ・クラスが労働者の3分の1を 占めていたアメリカ

　バブルがはじけると、日本企業は日本的経営を放棄し、米国は日
本的経営を無視しました。その後、米国経済は不思議な形で復活し
ます。米国の製造業は、日本の自動車輸出攻勢で大打撃を受けます。
1995年から2005年までの10年間で、米国の製造業で500万人の労
働者が失業するという結果になりました。しかし、既存の職に就け
なくなった人たちは、廃墟となった倉庫などを再利用して、少ない
資本でベンチャービジネスを興します。同時期に、新規の産業は
1300万人の雇用を作りだしていますので、古い産業が潰れたおか

げで新しい産業を容易に作ることができたわけです。これには、生活的概念が豊富にあって、「ああしてみたい」「こうしてみたい」と知恵をめぐらしていたから可能になった話です。たいていは、倉庫をワンフロアーの大部屋に作りかえ、そこを作業場兼事務所にして、社長から労働者まで実践を共有するというスタイルでした。高価な機械は中央のテーブルに据えて、必要なときに皆がそれを使いに来るという方式にしました。スペースが広いので、ちょっとした出会いがあれば、雑談し、その中から改革のヒントを得たようです。決まったことを上から下に命令し管理するだけではなく、組織のメンバーが地位の上下を超えて横につながって相談するようになったわけです。そこから、クリエイティビティがうまれ、IT を使った今までにないビジネスが花開くわけです。

　この様子は、2015 年封切りの映画『マイ・インターン (*The Intern*)』でコミカルに描かれています。ニューヨークで通販サイトを運営し、短期間で事業を拡大した新進気鋭の社長をアン・ハサウェイ (Anne Jacqueline Hathaway) が、シニア・インターン制度で採用された心細やかな高齢労働者をロバート・デ・ニーロ (Robert De Niro) が演じています。

　経営研究者のリチャード・フロリダ (Richard L. Florida) は、有名アーティスト専属のヘアスタイリスト、三つ星レストランのシェフ、世界的スポーツ選手専属トレイナー、スマホアプリ開発とか、学歴ではなく新しい価値を生み出す労働者をクリエイティブ・クラスと呼びました (Florida 2002、フロリダ 2008)。彼によると、すでにもう 20 年ほど前の 2000 年段階で、米国の労働者の 3 分の 1 はこのクリエイティブ・クラスに属していたそうです。しかも、この人たちは、人と人のゆるやかな出会いを大切にし、余暇にはアウトドアとかスポーツジムで体を鍛え、必要なときには労働時間を越えて集中して

仕事をするというように生き方全体を変えているとリチャード・フロリダは描いています。ゆるやかな出会いとは、都会のカフェとか、研究所の談話室とか、商店街での立ち話とか、発言内容が拘束される正式の会議ではないというものです。

このようにみてくると、受け身の教育ではなく、点数を上げるための受験勉強ではなく、「自分は何をしたいのか」「自分が好きなことは何か」をはっきりさせるように努力し、それを実現するために学ぶという道筋を子どもの頃から付けていくことが必要だということになるでしょうか。

(3) 日本の医学部は授業を問題解決型に変更し始めた

日本の大学の医学部では、20年前にはすでに大変化が訪れていました。

米国の大学の動向に追いつくように、2001年にはかなりの大学の医療職専門教育において PBL（Ploblem-Based Learning、問題解決型学習）が始まり、2010年代には TBL（Team-Based Learning、チームワーク型学習）に発展しているようです。1年生でも専門の授業は、グループに分かれて症例シナリオを題材に研究的な学習などグループ作業、成果をまとめてグループ・プレゼンテーション、発表内容をもとに討論、グループまとめ、教員の指導、個人のリフレクション（レポートや今後のアサインメント作成）というような手順で受講しています。

米国ニューメキシコ大学医学部のエレン・コズグローブ（Ellen Cosgrove）は、2005年から2006年にかけて東京大学医学部医学教育国際協力研究センターに滞在していました。そこで貴重な連続講義を行っています。彼女は、「世界中の多くの医学部が Problem-Based Learning（PBL）を採用し、教員と学生が平等に責任を持ち合う

関係へと移行している」(コズグローブ 2007：51) と指摘し、1990 年発行の医学雑誌からジョージ・ミラー (George E. Miller) の能力ピラミッド(**図 6-1**)を紹介しています。授業の成果は、最も低いレベルでは「知る (know)」という行為で得られる「知識 (knowledge)」です。次が「どうするかを知る (know how)」という行為で得られる「コンピテンス (competence)」、さらに高いレベルが「どうするかを表現する (show how)」行為としての「実績 (performance)」です。そして、臨床評価の最高レベルは、「為す (do)」能力が作り出す「行為 (action)」が成果として評価されるわけです。医療職では、知識があるだけではダメで、それが使えなければこの業界では評価されません。それならば、使えるように最初から学ぶようにカリキュラムを組む必要があると、教育機関は考えたわけです。

　PBL という略語は、「問題解決学習」もしくは「プロジェクト学習 (Project-Based Learning)」の二つの意味があります。いずれにしても大学の授業を学生が主体となった探究型の学習に変えるということです。そしてそこでは、知識や技能を使う力であるコンピテンス (competence) の育成が目標になります。

　エレン・コズグローブは、問題解決学習は、「土台となる基礎もないまま知識を結びつけてしまう」という弱点があるが、「多くの利点がある」と、次のように整理しています。

　　「学習者は目を覚まし、注意を向け、学習のプロセスに関わっている必要がある」(コズグローブ 2007：76)
　　「カリキュラムを学生中心とすることで、積極的に学ぶ姿勢が育まれる」
　　「自主学習には必要なスキルを習得させる」
　　「仲間と協力して作業し、互いに敬意を払い、コミュニケーションスキルを磨く機会を与える」

「新しい知識を現在の枠組みの上に組み立てるという意味で構成主義的 (constructivist) である」

「学生と教師の間の協力関係を促進する」

アクティブ・ラーニングの意義は、第一に、知識や技能を状況に合わせて使う、つまり再コンテクスト化することと、第二に、学んでいる様子を見える化する、つまり学習プロセスの外化との、2点で注目されているわけです。

たとえばコミュニケーション力についても、コズグローブたちが編集している医学教育書では、「ハウスモデル—和らげるケア会話の概念図」が提案されています。**図 6-2** に示されるように、家の土台は、導入、和 (rapport)、議論の筋 (context) を作り出す「安全な空間 (safe space) と考えられます。

左の柱は、患者やその家族の価値、目的などの筋書きもしくは物語 (the story or "narrative") を理解することです。右の柱の「医学的物語 (medical narrative)」は、医療スタッフの考えということです。健康ケアチーム (the healthcare team) が抱く様々な見解も含めて、対処療法と経過予測に関する医療情報を正確かつ明確にコミュニケーションすることで、医療行為に筋を通し、状況に応じて最善の対応ができるようにしておくことになります。

天井と屋根に当たるのは、患者の価値と医学的立場とが適合するように、意志決定の選択と「協働プランを共創すること (co-creating a collaborative plan)」(Hurd and Curtis 2016：198-199) です。

要するに、今や、医療行為は複雑なチームワークになっていて、それぞれのスタッフに知識やスキルがあるだけでは医療現場で使えないというわけです。高度な医療行為になれば、なおさら専門家たちの協働行為になるわけです。個人が黙って知識を覚えるという学習だけでは対応できない、ということがはっきりしています。

図 6-1　臨床評価の枠組み (framework for clinical assessment)

（Miller 1990：63）

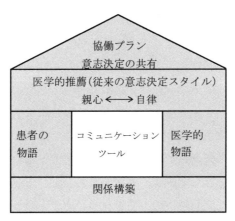

図 6-2　ハウスモデル―和らげるケア会話の概念図 (House model for comcepturlizing palliative care conversations)

（Mookherjee and Cosgrove 2016：198）

　最もおどろくべきことは、サンフランシスコ大学の研究によると、学生の将来について

　　「教員の主観的な評価が高度に予測可能な妥当性をもつ」(コズグ
　　ローブ 2007 : 12)

とエレン・コズグローブが紹介していることでしょう。数値化された客観的な評価というものがこれまで求められてきましたから、人間評価には主観こそ最も信頼おけるものだという判断は、全く逆への転換になります。

　さらに続けて、

　　「この研究のおかげで、教員は自分の評価により自信をもち、
　　自らを『主観的』として否定することを止めることができる」

と述べています。たとえ「主観」と呼べるようなものであったとしても、教員が生徒・学生のコンピテンスを日常的に指導し評価していれば、その評価は信頼できるものなのだというわけです。

　アクティブ・ラーニングは、数値で可視化したとしても基準に当てはめるとか、フォーマルなテストとはなじまないものととらえられています。数値化された部分行動を総合したとしても、何ができるのかは一向に概念化できません。数値化できないとして今まで無視されていたような活動が、意味あるものとして評価されつつあるのです。新たな問題解決の方法を見つけ出すということがアクティブ・ラーニングに求められる大きな意義でしょう。それでこそ、クリエイティブ・クラスなのです。

　誰もが認める「客観的方法」にはまだ至らないけれども、「もしかしたらこれいけるぞ」というようなアイディアも見逃さないという「主観」に、もっと自信を持てということが、重視されているということのようです。同様に、「こいつはできるぞ」「彼とならいっしょにやっていける」という、直感的、主観的な評価がもっとも信頼お

ける評価になるということです。しかも、高度な専門家にしか評価
できない価値が見つけ出されます。問題の発見から問題解決まで課
題が複雑になればなるほど、素人にも分かる数値評価は全く役立た
ないことになってしまうということです。

　そうなると、「患者やその家族の価値、目的などの筋書きもしく
は物語」だけでなく、医師が、看護師が、あるいは家族が、教師が、
生徒が描く「物語」もまた医療や教育の成果を評価する重要な要素
になってきます。ある医師は、患者と病院スタッフの確かな絆、人
をいたわる心について次のように言っています。

　　「最高の医師とは、患者と共に薬局まで歩き、患者が薬を飲む
　　まで隣に立っている人のことなのだ。彼らが私に教えてくれた
　　のは、転移と逆転移の本当の名前は『愛』だということ (the real
　　name for the transference and the countertransference was love)、そして医師
　　と患者との関係は人間関係なのだ、ということだった。」(Sweet
　　2012：348、スウィート 2013：306)

　事のダメ押しは、2010 年 9 月に、米国の ECFMG (Educational Com-
mission for Foreign Medical Graduates、外国医学部出身者に対応する教育委員会)
という「米国・カナダ以外の医学部出身者が米国における臨床研究
を許可する資格発行機構」が、「2023 年以降は国際基準で認定を受
けた医学部の出身者に限る」と日本の大学にも通告してきたからで
す。これを機会に日本の医療教育を見直して、国際水準に達する
ように改革する大学が数多く出てきました。「国際基準はアメリカ
主導型であり、ドイツ流の講座中心・知識偏重とは異なる」(水巻中
正 2016：15) と指摘されるように、参加型臨床実習が必須になりまし
た。座学で知識を学ぶという、日本の大学の伝統的な授業スタイル
は、医学、看護の分野に限っては、実践参加型の授業へといち早く
転換されることになったわけです。

（4）問題解決型は概念型教育へと進歩

　看護師育成に向けて『コンセプト・ベースの授業の習得―看護師教育者へのガイド（*Mastering Concept-Based Teaching: A Guide for Nurse Educators*）』（Giddens *et al.* 2015）というタイトルの教員指導書が 2015 年に米国で出版されています。同書の 2 版は、ほぼ同じ内容で 2019 年 5 月に出版されています。第 3 版は、2023 年 4 月に内容が大きく改訂され、タイトルも『コンセプト・ベースの授業とコンピテンシー評価をマスターする（*Mastering Concept-Based Teaching and Competency Assessment*）』と変更されています。

　このように、米国では 10 年以上かけて実践を重視したアクティブ・ラーニングが、概念型授業へと発展し、さらにコンピテンスに基づく評価にまでたどり着いているわけです。

　このガイドブックは、「コンセプト・ベースのカリキュラムは、非伝統的なアプローチの一例である」（Giddens *et al.* 2015：61）と述べています。米国の高等教育レベルにおける看護師教育においても、2010 年代に概念型カリキュラムが取り入れられつつあることを示しています。

　カリキュラム編成の「構造的要素」は、「たとえばテーマ、原則、筋道、コンピテンシー、および／あるいは、概念（e.g., themes, principles, threads, competencies, and/or concepts）」と述べられています。（Giddens *et al.* 2015：61）

　カリキュラムのパッケージ全体は、「使命、構想、および学習成果のプログラム（mission, vision, and program learning outcome）」から導かれるカリキュラムの青写真もしくはデザインを本質的なものとして表現していなければならないと明記されています。また学部は、この学習成果を達成できる学生を入学させることと、卒業時点で高度な思考と問題解決のスキルを習得することとも指摘されています。

（Giddens *et al*. 2015：63）

　表 6-1 と**表 6-2** は「概念カテゴリー」の具体例です。医学や看護学では、状況に応じた対応が高度に概念化されていることが分かります。第 3 版では、**表 6-3** のように学生たちが持っている概念を明確にするところから始めて、学ぶべき概念を学びたい概念へと価値づけするような試みが描かれています。個人が社会をつくりながら、一人ひとりが自分ならではの違いもまた確認できるようにしています。社会と個人のバランスをとりながら学んでいく姿が垣間見られます。

　米国の大学において、知識の修得を目的とする伝統的カリキュラムが、アクティブ・ラーニングや探究型の学習を開拓した末に、概念型カリキュラムへと進化してきた道筋が描けるのではないかと思われます。

　それにしても、医学・看護の分野とその他の分野との教育・研究におけるこの落差はどう解釈すべきなのでしょうか。一方には、客観的エビデンス、説明責任などと、客観的と言いながら数値が精神的価値まで支配し、教師・研究者も生徒・学生も競争に追い立てられている世界が大きく報道されます。しかし、もう一方には、客観よりも主観を重視し、人間を信頼して、心を通わせながらチームワークで協働し命を支えようとする教育・研究の世界があるようです。あまり報道もされないけれども、国際的な合意で作られた世界が確かにあるようです。

　いずれにしても、条件がよければ人間はもっと育つという実例は、貴重なエビデンスになると思います。

表 6-1　健康と病気の概念カテゴリー中にあるマクロ概念と諸概念の例

概念カテゴリー	マクロ概念　Macro-Concept	概念　Concepts
健康と病気の概念 Health and Illness Concepts	能動的対応とストレスの限界 Coping and Stress Tolerance	ストレス　Stress 能動的対応　Coping
	酸素供給と生命維持 Oxygenation and Homeostasis	灌流　Perfusion ガス交換　Gas Exchange 凝固　Clotting
	情動　Emotion	気分　Mood 感動　Affect
	保護と運動 Protection and Movement	免疫　Immunity 炎症　Inflammation 可動性　Mobility 組織的完全性　Tissue Integrity
	調節　Regulation	細胞調節　Cellular Regulation 温度調節　Themoregulation ブドウ糖調節　Glucose Regulation 頭蓋内調節　Intracranial Regulation 酸バランス　Acid-Base Balance 体液バランスと電解液バランス 　Fluid and Electrolyte Balance 栄養　Nutrition 排出　Elimination
	認知機能　Cognitive Function	認知　Cognition 精神病　Psychosis
	不適応行動 Maladaptive Behavior	常習癖　Addiction 暴力癖　Interpersonal Violence
	性と再生産 Sexuality and Reproduction	性　Sexuality 再生産　Reproduction

（Giddens *et al.* 2015：67）

表 6-2　看護専門性の概念カテゴリー中にあるマクロ概念と諸概念の例

概念カテゴリー	マクロ概念 Macro-Concept	概念　Concepts
看護専門性概念　Professional Nursing Concepts	健康ケア配分　Health Care Delivery	同等のケア　Care Coordination ケア供給　Caregiving 一時的緩和　Palliation
	健康ケア・インフラ　Health Care Infrastructure	健康ケア組織　Health Care Organization 健康ケア経済学　Health Care Economics 健康政策　Health Policy 健康ケア法　Health Care Law
	ケア・コンピテンス　Care Competence	コミュニケーション Communication 協働　Collaboration 健康ケアの質　Health Care Quality 安全　Safety テクノロジーと情報　Technology and Informatics エビデンス　Evidence
	特性と役割　Attributes and Roles	専門性　Professionalism 臨床判断　Clinical Judgment リーダーシップ　Leadership 倫理　Ethics 患者教育　Patient Education 健康増進　Health Promotion

（Giddens *et al.* 2015：68）

表 6-3　健康増進の授業案例

焦点領域 Focus Area	授業の諸戦略と諸活動 Teaching Strategies/Activities	学習成果 Learning Outcome
導入概念 Concept introduction	**個人で、ペアで、グループで** 　健 康 増 進 (health promotion)、健 康 (health)、好調 (wellness)、病気 (disease) といった用語は、自分にどんな意味があるのか1、2文で書きましょう。 　自分の定義を隣の人と共有しましょう。 　自分たちのアイデアを結びつけましょう。 　他のペアグループを決めましょう。 　4人のグループで、これらの用語について自分たちのアイデアを共有しましょう。 　定義を検討しましょう。 　自分のアイデアが、自分たちが見つけた定義とどのようにつながっていますか。 **教員** 　世界保健機関 (WHO) の下している定義をクラスで共有する。 　学生たちが下した定義とどこが一致しているか。	学生は、コンセプトおよび関連用語の意味をはっきりと発言する
概念の範囲 **諸概念の特徴** **理論的な関係**		(以下略)

(Giddens 2023：111)

第7章　概念型カリキュラムの教育優位性

(1) 読めることと読解することの違い

　読み書きを学ぶといえば、文字を声に出して読むことと、音声を文字に書き記すことだと、まず解釈します。

　授業で「○君、教科書を読みなさい」と言われれば、立ち上がって本を開き、声に出して読み上げるわけです。

　ところが、reading と言えば、「読解」と訳されます。

　「解」とは、解釈し理解するわけですから、「読解」とは、たいていは黙読して、本に書かれている内容を理解することを指すわけです。

　2000 年に国際生徒調査 PISA が開始された時点の、読解力 (読解リテラシー) の定義は、

> 「読解力とは、自らの目標を達成し、自らの知識と可能性を発達させ、効果的に社会に参加するために、書かれたテクストを理解し、利用し、リフレクションすること (understanding, using and reflecting) である。」(OECD/PISA 1999：20、経済協力開発機構 2004：92)

でした。この時、書かれたテクストとは、「連続型 (continuous) テクスト」と「非連続型 (non-continuous) テクスト」に分けられていました (OECD/PISA 1999：25-28、経済協力開発機構 2004：93-95)。

2009 年より、国際生徒調査 PISA の読解力には大きく二つの改革が施されました。

一つは、次のように読解力の定義が変更されたことです。

「読解力とは、自らの目標を達成し、自らの知識と可能性を発達させ、効果的に社会に参加するために、書かれたテクストを理解し、利用し、リフレクションし、これに取り組むこと (understanding, using and reflecting on and engaging with) である。」(OECD/ PISA 2010：23、経済協力開発機構 2010：37)

というように、「取り組む」ことが読解力に含まれたことです。

この「取り組む」とは「読む意欲 (motivation)」を意味しており、「情緒的特徴と行動的特徴の結合単位」を含み込むことでもあると見なされ、そこには、

「読むことへの関心や喜び (interest in and enjoyment)、読むものを自分で決められるという感覚 (sense)、読むことの社会的次元への参加、様々にかつ頻繁に読解を実践すること」(OECD/PISA 2010： 24、経済協力開発機構 2010：38)

などが含まれると説明されています。

さらに 2018 年には、国際生徒調査 PISA の読解力の定義が、次のように変更されます。

「読解力とは、自らの目標を達成し、自らの知識と可能性を発達させ、効果的に社会に参加するために、テクストを理解し、利用し、リフレクションし、これに取り組むことである。」 (OECD/PISA 2019：28)

お分かりでしょうか。「書かれたテクスト」が単に「テクスト」と表記され、手書きも、印刷も、電子テクストもすべてひっくるめた表記に改められたのです。結果的に国際生徒調査 PISA は、読解力をオンラインリテラシーで測定することになりました。コンピュータ

を使用して、Web サイト、投稿文、電子メールなど、オンライン上でデジタルテクストを読解する「オンラインリテラシー」というものに変わりました。

　読解力に関する二点目の大きな変化は、「評価しリフレクションする」という測定領域が質的により高度化されたことです。その結果、テストで測定される能力について、①情報を探し出す、②理解する、③評価しリフレクションする、④取り組むという4領域のうち、③には、「内容と形式について熟考する」に加えて、「質と信ぴょう性を評価する」および「矛盾を見つけて対処する」という項目が付け加わりました。どんどんと項目が増えているのです。

　国際性と調査 PISA では、状況に応じて課題解決に必要な知識や技能（スキル）を組み合わせ、活用て問題解決を行う能力のことをコンピテンスないしキー・コンピテンシーと呼んで重視してきました。2018 年には、これを読解力においても明確にしたことが分かります。

　日本人が「学力」と呼ぶ学校で勉強している能力は、国際的には20 年足らずでこのように変化しているわけです。日本の子どもたちの誰もが、時代や居住地域にかかわらずいつでもどこでも、同じ知識を同じように勉強しているというコンテンツ・ベースの学校教育では、変化の激しい時代には全く歯が立たないようです。そもそも、評価尺度そのものが進化しているわけですから。

（2）概念はたくさんの意味でできている

　ことばを覚えるだけの教育だと、誤解のままに終わることも起きてきます。

　たとえば、「重さ」の意味は、『デジタル大辞泉』によれば、「地球上の物体に作用する重力の大きさ」と説明されています。科学的に

は、「その物体の質量と重力加速度との積に等しい」と説明されています。言葉・ことばで科学的概念を表現することは、文化が進むほど特殊になっていきます。しかし、これが理解できないと、「辞書を引いても分からない」ということになります。

　文学的な概念として、重さとは、「たはむれに母を背負いてそのあまり軽きに泣きて三歩あゆまず」とも石川啄木が詠んでいます。重さが、母子二人の人生史を凝縮して表現されているわけです。

　ほとんどの人がもっている重さという概念は、「ずっしり重い」という体感覚とか、「体重は 50kg」というはかりの表記とかというものです。これが生活的概念です。

　比重という概念があれば、「1 リットルの水の重さは何グラムですか」という設問に、形式的操作で答えられます。

　同じ言葉でも、文化によって意味が異なる例もあります。machineは、精密な動きをするものという意味で、古くは兵器、一般には機械や装置を意味します。さらに転じて、組織的に動く人間集団のことも指すようになりました。しかも、休まず徹夜でも働く人のこともそう呼ぶようにもなりました。

　machine を日本語に訳すと、一般には「機械」となります。同時にまた日本語では、裁縫機械 (sewing machine) のことをミシンと呼びました。発音が多少異なるのですが、日本語でマシンと言えばまずミシンのことでした。

　ロシアで machine と言えば、自動車のことです。産業革命の成果がいつ、どこに到達するかによって言葉の中身は変化するということになります。

　「紙」という漢字が中国人に通じるかと思えば、中国国内ではトイレットペーパーを指します。巻紙ということからきているのでしょうか。

　「公」という漢字の概念は、「滅私奉公」「公事方御定書」「公私混同」や「公園」「公共交通機関」「公立学校」というように使われます。中国における漢字の意味は、「大きな家」です。そこから、日本語では皇居・天皇・朝廷などを指して使用され、公務が行われる場所の意味に転じました。これに対して、「私」は「自宅」という個人の空間を指して使われ、そこで行われる個人的、趣味的なことという意味に転じました。

　西欧では、国王や領主の権限をより身分の下の者たちが奪い取り、だんだんと権限を分散させてきました。個人が平等に権利を持つという民主主義の意識が歴史的に形成されてきたわけです。そこで、「公園」「公共交通機関」「公立学校」は皆が自由に使えるもの、誰でもが利用することができるという意識が強く、それが「公」という概念になっています。

　英国でパブリック・スクールと言うと私立のエリート学校のことを指します。教育と言えば、まず、貴族が家庭教師を城内に住まわせて子弟を私的に教育することでした。ペダゴーと呼ぶ教育者は、古くは、勝ち組が相手方の教養人を奴隷として再利用した「戦利品」だったのです。時代が下って、お屋敷を使って数十人という規模で教育する私立学校が開設されます。古代や中世の貴族の教育に比べれば、成金ブルジョワジーがお金さえ出せばよりどの子どもでも入学できたので、その意味で私立学校は「民主的」だったわけです。

　さらに時代が下って、米国では、税金を使って誰でも入学できる学校をパブリック・スクールと呼ぶようになります。これは公立学校と訳されます。

　民主主義の欧米の文化からみると、公とは私の拡大された自由なイメージになります。これに反して、アジアの封建的な文化からすると、公とは私を制限もしくは排除する抑圧的なイメージになりま

す。「滅私奉公」ということばは、このことをとりわけ強く表現しています。西欧では大勢が参加することで社会の統治を安定させようとしてきましたが、その他の地域では中央集権、偉大な君主に権力を集中することが政治の安定につながると今もなお考えられているということです。

「公」という概念はこのように文化によって異なって、しかも対立的に解釈されるわけです。

「democracy」と「民主主義」とを比較してみても、両者とも平等という概念が主要な意味をなしていることは同じです。ところが、democracyは一人ひとり異なるけれども平等に扱うという意味から発していますので、意見が異なった場合には少数意見を主張し続ける権利が認められます。それが許されるからこそ、少数者にも多数意見に協力する責任が求められます。

日本文化を背景にした「民主主義」という概念は、どの意見も同等だと見なされますから、1票でも多ければ多数の意見が「全体の意見」として実行されます。少数者の意見は全体の意見に負けてしまい、少数者は不参加、非協力、反対という道しか残されなくなります。人間は多様でそれぞれの意見には長所もあれば短所もある、だから審議を尽くそうという立場が必要です。たとえば、原発賛成派には「原子力発電は危険だ」という概念が形成されにくいので、結果的に危機管理体制が実施されないということになります。逆に原発反対派は、原子力発電そのものを否定するわけですから、危機管理体制を考えることはナンセンスなことになります。両者が対立しているだけでは危機管理はまともに議論されず、事故に対処できないことになり、皆が危険にさらされてしまいます。

共通の概念を形成するということは、知識を覚えるよりもとても複雑で、しかも人類にとってとても重要なことなのです。

(3) 概念に注目するとカリキュラムはどうなるか

　コンテンツ・ベースの教育では、生徒が理解するように、関心を持たせ、考えさせ、理解したことを応用問題などで確かめます。しかし、伝統的な一次元カリキュラムでは、教師の意図した関心から外れてしまった場合には、そのような疑問は無視されてきました。

　探究とはまず問いを持つことから始まります。教師の意図を越えてしまうことも起きてきます。したがって、探究型の授業は、コンセプト・ベースの教育でないと成り立ちません。リン・エリクソンが「制限時間を越えて深い理解を構築するために」余裕を持たせているかと問うのも（本書133ページ）、当然のことなのでしょう。

　たとえば、分数の概念を教えるとしましょう。

　現行の日本の学習指導要領では、2年生で「$\frac{1}{2}$、$\frac{1}{3}$など簡単な分数」を教えることになっています。しかし、筆者が子どもの頃の日本では、これを、「2個のうちの1個を2分の1、3個のうちの1個を3分の1と呼びます」というように教えていました。分母の数と分子の数の関係、「数の分数」、いわゆる「関係分数」として教えてきました。これでは具体的な量のイメージは湧いてきません。数の関係は形式的操作ですから、ピアジェの発達心理学によれば12歳以降の理解となります。つまり、これまでの日本では、子どもたちが分数の概念を理解しにくい教え方をしてきたわけです。

　しかし、小学生のうちは、具体的な大きさがイメージできるように「量の分数」として教えた方が、分数の概念は理解しやすいのです。ピアジェの発達段階では、具体的操作期と前操作期でも分数の概念が深くよく理解できるのです。

　たとえば、フィンランドではもうずっと前から、ピザを分ける場

2つに切ったら
2分の1です

3つに切ったら
3分の1です

図 7-1　ピザを切って考える分数教材

合を教科書に図示して、ピザを分ける場合を考えて、「二つに切る
と2分の1です。三つに切ると3分の1です。3人で分けると、3
分の1ずつとなります」と教えてきました（**図7-1**）。ピザを食べてる
国では、生活的概念として、分数の思考は日常的に起きてきます。

　2022年のこと、筆者の孫が3歳5か月の時、コロナ禍で筆者夫婦
が土日のみ3週続けて預かることになりました。わが家に一人でお
泊まりに来て、昼食はファミリー・レストランでコーンピザなどを
食べていました。大皿で8つに切り分けただけではあまりに食べ過
ぎるので、見かねた祖母が分数を教えて説得しようと試みました。

　筆者夫婦の自宅に帰ってから、孫とこんな会話をします。

　　祖母「おばあちゃんがリンゴを2つに切るよ。」

　　祖母「これで2分の1だよ。」

　　孫「こっちちょうだい。（大きい方を指さす）」

　　祖母「また2つに切るよ。これで4分の1だよ。Kちゃんはど
　　れだけ食べる。」

　　孫「これだけ。（3つ手で囲む）」

　　祖母「おばあちゃん、4分の1でしょ。おじいちゃんの分はど
　　うするの。」

　　孫「だめ、あげない。」

　　祖母「おじいちゃんにも4分の1あげてよ。」

　　孫「いやだ、あげない。」

　祖母「K ちゃんには、4 分の 2 が残るよ。」

　孫「だめ、1 分の 1 で K 君が全部。(4 つとも手で囲む)」

かくして、分数の概念の学習は思い通りには行きませんでした。そ
れもそのはず、リンゴはいびつで、切ってみても、2 分の 1 という
分数の概念はイメージできなかったようです。それでも、なりゆき
で「1 分の 1 が全部」という分数の概念の出発点はつかんだわけです。

　これには後日談があります。孫が東京の自宅に戻り、1 か月ほど
たったある日、おやつにジャガイモ 1 個をふかして食べることにな
りました。母親が縦に 2 つ、横に 2 つに切って皿に盛ります。受け
取った 3 歳 6 か月の K 君は、「4 分の 1 だね」と言ったそうです。教
えたこともなく、普段使うこともなく、あまりに突然のことだった
ので、父母ともにびっくりしたようです。母親である筆者の娘は、「お
ばあちゃん、おじいちゃんとピザを食べに行って、そんなこと覚え
たの」と考えたそうです。

　ピザを家族で切り分けて食べる文化があれば、生活の中で分数の
概念はかなり早期にでき上がるはずです。これが生活的概念です。

　時計で時刻を読む場合、英語では 15 分をクオーター、30 分をハー

表 7-1　新学習指導要領における分数に関連する内容

学年	分数に関連する学習指導要領の内容
2	簡単な分数（1/2，1/3 など）
3	簡単な分数の加法・減法
4	同分母分数の加減
5	偶数・奇数，倍数・約数 分数の通分・約分 分数と小数，整数の関係 異分母分数の加減
6	分数の乗除 分数・小数・整数の混合計算

（筆者作成）

フと言います。これもまた文化です。日常生活の中で、数の概念からではなく、時計の針の角度を見ながら、量の概念から分数の概念を作り出していけます。

　そう考えると、12進法は、切り分ける場合には便利な数え方です。

　日本では、算数の授業で分数は、2年生の学習レベルです。日本の学習指導要領（**表7-1**）では、2年生の授業では簡単な分数の概念を形成するところまでで終わります。

（4）授業でもし探究できたら

　ところが、ピザを切った図をじっと見ていれば、探究心を持った子どもならいろいろと思いつきます。さらに、グループで話し合っていると、いろいろとアイディアが出てくるはずです。

　「2分の1と2分の1を合わせると1なのか」

　「3分の1に分けたけど、一人、その場にいなかったら3分の1が残るのか。

　この思考を数式で表すと、

$$\frac{1}{2} + \frac{1}{2} = \frac{2}{2} = 1$$

$$\frac{1}{3} + \frac{1}{3} = \frac{2}{3}$$

$$1 - \left(\frac{1}{3} + \frac{1}{3} \right) = \frac{1}{3}$$

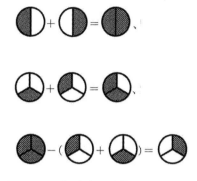

図7-2　ピザで考える分数－その 1

となりますが、図示すると**図7-2**のようになります。

　さらに続けていけば、次のように展開するかも知れません。

　　「それもぼくがもらうことにすると、3分の2になるのか。」

　　「2倍になるんだね」

というようなことも考えつくかも知れません。分数の概念としては、どんどん高度になっています。

　3、4年生くらいになると、次のように考えが進むかも知れません。

　ある生徒は、ピザが2枚あったら、3分の1切れが6個、つまりピザ2枚は3分の6のことかと考えてしまったとしましょう。これは、「分数・小数・整数の混合計算」になります。新学習指導要領では6年生の学習レベルです。(**図7-3**)

$$\frac{1}{3}+\frac{1}{3}+\frac{1}{3}+\frac{1}{3}+\frac{1}{3}+\frac{1}{3}=1+1=2$$

図7-3　ピザで考える分数－その 2

これは、「分数・小数・整数の混合計算」にまで発展しています。新学習指導要領では6年生の学習レベルです。

あるいはまた、別の生徒が、それだったらピザを6個に切ってみようと考えたとします。よく見比べて、$\frac{1}{2}$は$\frac{3}{6}$のことだ、$\frac{1}{3}$は$\frac{2}{6}$のことだ、$\frac{1}{2}$と$\frac{1}{3}$とを合わせると$\frac{5}{6}$になると理解してしまったとしましょう。(**図7-4**)この計算は、「異分母分数の加減」ですので、新学習指導要領では5年生の学習レベルです。

$$\frac{1}{2}+\frac{1}{3} = \frac{3}{6}+\frac{2}{6} = \frac{5}{6}$$

図7-4　ピザで考える分数－その3

ピザの図を使って探究型の学びをしてみれば、こんなことは容易に起きてくることだと思われます。この部分が、発達の最近接領域のはずです。

このことに筆者が気づいたのは、つい15年ほど前です。フィンランドの教科書を見ていると、「簡単な分数の加法・減法」を教えるあたりで$\frac{1}{4}+\frac{3}{4}$という計算式が課題の一つとして出ています。フィンランドの教室には、たいてい教科書の解答編も教室に置いてあり、できた生徒から自分で答え合わせをしています。見てみると、$\frac{1}{4}+\frac{3}{4}=\frac{4}{4}=1$と書いてあります。どうも、正解は$\frac{4}{4}$であるが、分かる人は1と書いてもよいということのようです。教科書には、発達の最近接領域の個人的な差異も考慮して課題が書かれていたのです。これを形式操作ではなく、**図7-5**のように書いてみれば具体的操作として理解できるわけです。

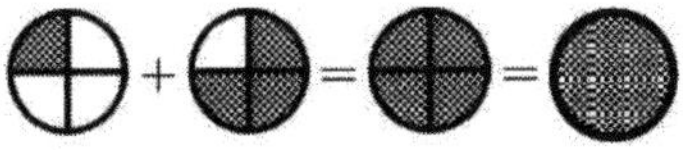

図7-5　ピザで考える分数－その4

　どの学年でどこまで学ぶかは、実は微妙な問題で、先まで分かってしまった人は、自分で自分を誉めるしかありません。

　分数をピザで教える方法だと発達の最近接領域がたくさん生まれてくるようです。ピザを切って分数を教える場合には、1という単位、つまり分数の分母がはっきり見えているという点がミソです。言い直すと、分数の概念の一番の基礎は、1という単位、つまり分母となるピザ1枚を常に見ているかということなのです。そこをつかむことができれば、言い直せば生活的概念が形成されていて発達の最近接領域が大きくなっていれば、分数という科学的概念の理解があっという間に2学年分くらい進んでしまうことになります。

(5) 日本の子どもたちが分数でつまずくのは

　それは、子どもたちが分数の概念が深く理解できないまま、分母と分子の関係を切り離して計算し、結果的に分数を作り出すという「関係分数」として考えてしまうからです。

　たとえば、2個のうちの1個を2分の1という、3個のうちの1個を3分の1といいます。では、両方の分数を足せばいくらになるでしょうか。形式的に考えれば、両方を合わせると、5個のうちの2個ですから、5分の2と答えてもそれなりに根拠はあります。しかし、この考えには、分数の概念の中で計算するというルールが抜けています。

　日本では、5年生になって「約数」を習い、それに伴ってやっと「分数の通分・約分」を考えます。

　4年生までに、「同分母分数の加減」を学習することとなっていますが、分母が同じ時には、分子だけ計算すればよいと学校で習うと、確かに計算はできます。

$$\frac{1}{5} + \frac{2}{5} = \frac{1+2}{5} = \frac{3}{5}$$

というわけです。

　ところがこれでは、「分数の加減」という概念が形成されていなくても、分母が同じなら分子だけを整数として計算すればよいわけです。「整数の加減」が理解されていれば、分数の概念がなくても計算ができてしまうわけです。言い直せば、分母と分子を別世界と考えて、分子だけ取り出して整数の加減を計算しているだけなのです。そうなると、小学2年生では分母と分子という概念を習ったとしても、計算能力は1年生の整数概念のままということにもなります。

　学力調査を分析してみると、日本の子どもたちは「分数の乗除」計算は強いのに、「異分母分数の加減」計算には弱いことが分かっています。これも、分数同士のかけ算は、分母同士をかけ、分子同士をかける。分数同士の割り算は、割る数を「逆さにして掛ける」と学校で教わります。これも、分母同士のかけ算、分子同士のかけ算というように分けてしまうと、やはり整数の計算をしているだけです。

　通分ができないということは、分数という科学的概念の形成に失敗しているからです。計算式で行き詰まったら、5年生になっても、画用紙に円を描き、それをピザに見立てて30度ずつに6等分して、2分の1が6分の3に当たること、3分の1が6分の2に当たることを確かめて、生活的概念を増やし、発達の最近接領域を創り出す

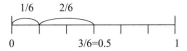

図 7-6　数直線で考える分数－その 1

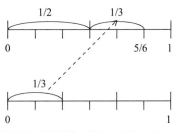

図 7-7　数直線で考える分数－その 2

ところから経験してはどうでしょうか。グループ作業で、実際に
画用紙を切り取って、6 分の 1 片一枚一枚を重ね合わせて形が同じ、
面積が同じことを確かめてから、2 つ、3 つと組み合わせていくと、
とても実感がわきます。協働（コラボレーション）作業が、「なぜだ」と
考える機会を与えてくれるからです。

　ピザの代わりに、先生が数直線を使って説明してくれるかもしれ
ません。（**図 7-6**、**図 7-7**）数直線でも、あれこれ計算を考えると、発
達の最近接領域が増えていきます。

　話を「発達の最近接領域」に戻しますと、本書 96 ページですでに
紹介しましたが、ヴィゴツキーの説明ではこうなります。

　　「協働の中で、見守られ、助けがあればつねに、子どもは自分
　　一人でする時よりも多くのことができ、そして困難な課題を解
　　決することができる」（Выготский 1982：247、ヴィゴツキー 2001：299）

　ここでいう協働とは、目的を同じくするものたちが協力して問題
解決すること、いわゆるコラボレーションです。全員が同じ作業を
して競争することではなく、一つの作業、一つの問題解決を複数の

人間が協力して成し遂げることですが、誰にも出番があり、作業の全体像がそれぞれに見えていて、少なくとも自分の分担部分の意義と責任を自覚していることが必要です。

　学校で学んだ知識を理解し、それを使って問題解決ができることは、第一に推測したり理解できるだけの生活的概念が生徒自身にあって、授業で教えられた知識や技能を自分で考えて理解でき、応用できればよいのです。もたもたしているときには、先生やクラス仲間や友人と一緒に問題解決する機会があれば、もう少し先までできます。この時、ああかも知れない、こうかも知れないと、もやもやしてしっくりと分からなかったことが、「何だ、そうだったのか」と理解でき、ストーンと胸に落ちる瞬間が一挙に訪れることもあります。

　学校で科学的概念を学び、それが一人で理解できる場合もあります。なぜだろう、どうしてだろう、自分の経験で言えばこんなことかなぁ、お母さんが言っていたことはこのことなのか、……といろいろ考えてみる、これは自分の生活的概念を広げることになります。ここに、先生やクラスメイトなどとの協働（コラボレーション）があって、自分の出番もあって、何かを発表したり、意見を言ったり、皆の前で実行してみると、もう少し発達を進めることができます。時には、ほんの少し進んだだけで、視界が「ぱぁっと」明るく開けてくることもあります。

　関係分数としての理解のまま、分数の概念ができていないのに、分数の計算をさせようとすれば、形式的操作とならざるをえません。そうなると、通分の操作を形式的操作として行うのは、一般的には12歳近くまで待った方が良いということになります。

　同様に、日常生活で特に使うことがなければ、形式的操作としての算数計算はできるだけ避けて、その時間を他の学習に使っておい

て、12歳近くで短時間で一気に習得した方が効率が良いというこ
とになります。

(6) サドベリー・バレー校の実践

　米国マサチューセッツ州フラミンガム (Framingham) に、1968年に
設立された私立学校サドベリー・バレー校 (Sudbury Valley School) があ
ります。物理学教師のダニエル・グリーンバーグ (Daniel Greenberg) が
指導するユニークな学校です。どこに行くのも自由、何をするのも
自由、「自分で学びたいことだけを自分で学んでいけるように (to be
able to learn only what they were eager to learn)」(Greenberg 1995：3、グリーンバー
グ 1996：15) この学校は設計されています。「誰もが基礎的なものを
学んでいるが、ただし、自分のペースで、自分の時間に、自分のや
り方で (everyone learns the basics -- but at their own pace, in their own time and their
own way)」と自由が最大の価値となっていて、

　　「生徒たちは、年齢を超えて一緒に学び、語り合い、遊び合
　　い、育っているように見えます (students of all ages can be seen learning
　　together, talking, playing -- growing)」
　　「アイデンティティという強烈な意識を発達させ、将来の目
　　標を設定している (develop a strong sense of identity and set goals for the
　　future)」(Greenberg 1995：2、グリーンバーグ 1996：14)

というのです。そして、自由と民主主義で学校は運営され、その結
果は学ぶ者に責任があると考えられています。
　こんな学校で、ある日、グリーンバーグに対して、9歳から12
歳までの12人の小学生が算数なら「なんでも」教えてくれと頼んで
きたそうです。本人たちが本気になっていることを確かめてから、
毎週火曜日と木曜日、午前11時ちょうどに開始すること、5分で

も遅れてきたらその日の授業は中止する、それが2回続いたらこの学習計画は中止するというルールで始めます。授業は1回分30分で、宿題も出ます。

　足し算は授業2回分、引き算も2回分、かけ算九九は全員が暗記し、ゲームをしながら「12歳の者も9歳の者も、大きな子も小さな子も、協力し合って一緒に学んでいる」という様子です。割り算、分数、小数、百分率、平行根まで。6年分の算数の計算問題を、24週、24時間の授業でマスターしてしまったというのです（Greenberg 1995：15-18、グリーンバーグ 2019：44-46）。授業以外の時間を入れるとこの何倍にもなるわけですが、それでも一般の算数の授業6年分に比べれば、ずっと少ない時間のはずです。

　理解がうまくつながれば、小学校の算数計算は、極めて短時間で習得できるというわけです。

　この経験には、グリーンバーグ本人も驚いたようです。

(7) 概念と知識

　概念を構成する要素は、一般には記号と呼ばれるイメージ、言葉（word）とことば（speech）、文字や音、言葉の発音や抑揚、身振りや顔の表情、数や数式、化学記号と化学式、音符と楽譜、ファッションなどとにかくいろいろあります。経験によって、関連づけられたコトが自在にどんどん取り込まれます。そのために、乳幼児でも考えたりコミュニケーションができ、言葉も覚えるわけです。

　この自由と曖昧さゆえに、数少ない事例（スモール・データ）から直感的に思考の産物が創造されるのですが、偏見もまた入り込んできます。

　大学受験生向けに概念形成を説明した古典、ジョン・ウィルソン

(John Wilson) 著『概念で考える (*Thinking with Concepts*)』では、実物を直接見せる方法と言葉で特徴を説明する方法とがあると指摘されています。しかも、前者は、「とても骨が折れる曖昧な方法」であると言うのです (Wilson 1963：55-56)。

　哲学的に考察すると、概念の「内包 (connotation)」は曖昧なまま膨らんでいきます。そこで、思考が混乱するその都度、概念の中身となっている要素を点検し、異質な要素を別の概念の中に移動させるか、新しい概念を創り出して分離するかという、「外延 (denotation)」の境界線を引く作業が必要になってきます。

　「内包」と「外延」を決める作業の中で、概念内部の諸要素は構造化され、また他の概念とも関連づけられて構造化されます。これを、概念の一般化と呼びます。

　考え、探究した成果は、この概念として定着します。思考と言語が出会うと、概念は言葉 (単語) あるいはことば (文) で表現されるようになりますが、表現している音や文字がどんな意味を表現しているかは学習によって結びつけられます。ピアジェの言う認識発達の形式的操作期以前とは、さまざまな経験・体験に基づいて将来の社会生活で必要な概念を創造し点検しておく時期です。

　小学生高学年から中学生あたりでは、形式的操作が十分できるようになり、知識の体系を抽象的なレベルで学んでいくことができます。教科とか科目と呼ばれる知識の体系は、合理的な体系となるように、言葉 (単語) やことば (文) の意味が限定的に定義通りに使用されます。このように、専門分野で意味が限定された言葉を「用語 (term)」とも呼びます。人間が理解している概念の一部が詳しく、厳密に使用されているのが、知識を構成する記号の意味となります。つまり、知識は、単語や文の意味が正確に定義され、それらが合理的に体系化されたものです。だから知識を理解するということは、

結果的には正解を覚えるということになってしまうのです。この単語や文の意味は、概念のうちの一部に相当します。概念がなければ、知識の意味は理解できず、実際に使えないということになります。

　逆に概念があれば、正確な理解をしていなくても子どもだって大人との会話に参加でき、辞書があれば外国語だって翻訳できることになります。会話できないのは、知識のせいよりも概念のせい、つまりコミュニケーションする中身があるかないかの方が重要なのです。

(8) 3つの次元のカリキュラムを比べると

　概念の深掘りのことを、概念型カリキュラムの研究者で実践家のリン・エリクソン(Lynn Erickson)は概念の一般化と呼んでいます。

　たとえば、2013年2月に訪れた、デンマークのビルケレ普通科高校ではこんなことをやっていました。国際バカロレア(IB)クラスでは、国際文学の授業をチャールズ・ディケンズ(Charls Dickens)の『困難な時代(Hard Times)』とカリブ海地域に住むある作家が書いた小説とを、それぞれ1冊まるごと読んで10人くらいの高校生たちが議論していました。ちなみに、市販されているディケンズの本は291ページあります。議論の中身は、二人が扱っている時代背景、描かれている庶民の生活の様子、取り上げている社会問題、二人の作者はそれぞれどう解決しようとしているのか、自分だったらどうするか、こんなことを教師といっしょに議論するわけです。授業で概念の深掘りをするからこそ、長文を読むほど読解力も高くなるわけです(福田誠治2023：104-106)。

　訪問した当日の午後には、ビルケレ普通科高校では「模擬国連」というものがありました。近隣の外国のIBスクール20校ほどから

200 名ほどの高校生が集まりました。それだけではありません、デンマーク首相の挨拶もありました。会議は、それぞれの学校がどこかの国連参加国の代表になりきり、時事問題をめぐって仮想の国連総会を演ずるというものです。

　このような概念の深掘りは、最終的には「世界認識」と同時に「自己認識」へとたどり着きます。カリキュラムデザインを研究しているグラント・ウィギンズ (Grant Wiggins) とジェイ・マクタイ (Jay McTight) は、授業の理解プロセスを、説明、解釈、応用、パースペクティブ、共感、自己認識の 6 つの側面に分けています。その最終段階である側面 6「自己認識」は、自覚的であること (self-aware)、メタ認知的であること (metacognition)、自己調整すること (self-adjusting)、リフレクティブなこと (reflective、内省的な)、賢明なこと (wise、賢い) と説明されています (Wiggins and McTighe 2005：177、ウィギンズ＆マクタイ 2012：211)。

　15 歳の若者 (日本では高校 1 年生) を対象にする国際生徒調査 PISA は、well-being に関連させて、自分が今学んでいることは、個人の動機づけ (自分に役立つか、将来の自分の仕事で役立つか、仕事の可能性を広げるか、将来の学習に役立つかなど) と、自分の生きる社会への貢献 (社会理解・自然理解、生活条件の向上、社会人として必要、経済発展、社会の利益など) との両面で学習の成果を個々人がどう評価しているのかもまた調査しています (福田誠治 2021b)。

　これまで考察してきたことを、図にまとめてみましょう。

　概念が一般化され、構造化されている知識は、概念化された知識として表示してあります。

　一次元カリキュラムは、事実 (情報) として知識が与えられる通りに勉強される時間的経過をイメージにしたものです。極端な例にな

りますが、言葉・ことばをすべて覚えてしまうような学びです。二次元カリキュラムは、事実(情報)と技能(スキル)を次元にして、知識を経験を通して学んでいく経過をイメージにしたものです。授業の方法によって知識ごとに、概念化に濃淡があります。三次元カリキュラムでは、意図的に教師が概念の一般化と構造化を進めます。したがって、最もよく概念化された知識は残っていますが、学び直しによって否定された知識は、忘れられ、崩れ落ちていきます。新知識でも、問題なければ概念化された知識に吸収され、同化されます。

　リン・エリクソンのモデルは、筆者なりに図示すると図7-8〜7-10のように考えられているのではないかと、筆者は理解しています。

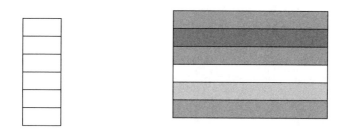

図7-8 一次元カリキュラムのイメージ　図7-9 二次元カリキュラムのイメージ

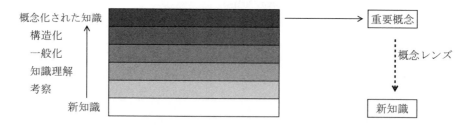

図7-10 三次元カリキュラムのイメージ

　図 7-8 は、一次元カリキュラムのイメージ図です。バラバラで断片的な事実や知識を順々に提示され、そのまま記憶する学び方です。事実・知識の集まりを時間軸で蓄積したものです。

　二次元カリキュラムを時間軸で積み上げると、**図 7-9** のようになります。事実・知識だけでなく、スキルが入ってきて、なすことで学ぶ知識理解が重なっていきます。事実とスキル（経験、活動）の成果が、知識として積み上がっていきます。それぞれの単元で、学びながら考え、知識の選択と創造のプロセスで、自分たちの行為に意味づけがなされ、概念が生まれます。その概念の一般化、構造化の度合いで、色具合が分けられています。

　三次元カリキュラムでは、すべての授業・単元で概念の深掘り、一般化、構造化がいしきされますから、知識の蓄積が、意味の上の構造・体系を作り出しています（**図 7-10**）。抽象化された注目点や価値が、概念となり、一般化され、構造化された概念世界が構築されています。したがって最新知識が最も高度な概念で形成されている訳です。同化された具体的知識は上部の知識に引き入れられ、不要な知識は忘れられ、崩れ落ち、消滅します。知識を全部記憶できるわけないのです。リン・エリクソン作成の図 4-3 は、それが表現されていると筆者は考えています。残念ながら図 7-10 にはそのメカニズムを筆者がうまく描ききれませんでした。

第8章　個人的経験と理論が出会う時

　思考は、言葉だけで生じるものではありません。言葉(word)やことば(speech)は、社会的なものです。経験は、何らかのイメージとなって個人の脳内に、あるいは身体に記憶されます。思考とことばが出会うと、学習が容易になり、概念形成もある程度コントロールできるようになります。

(1) 言葉の高次精神機能

　言葉・ことばは、人間の脳が論理的、理性的な思考を行う道具となるとともに、高度な思考の生産物にもなります。この仕組み、脳のプロセスを動かす思考力を「高次精神機能[110]」とヴィゴツキーは呼びました。言葉・ことばが支える高次精神機能は、今日では、心理学と言語学では広く用いられています。

　では、授業ではどのようにこの高次精神機能は働いているのでしょうか。科学的概念を教師が教え、生徒が自分の生活的概念と結合させながら理解していくプロセスを考えてみましょう。

　学校の授業は、**図8-1**のように、生活的概念よりも高い科学的概念のレベルで始まります。教師は、教科書などを使って、この科学的概念を生徒に教えます。生徒が理解できるように、教師は生徒の

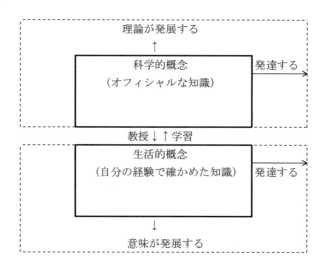

図8-1　教科の授業（教授）と学習の関係

生活的概念を探り当てながら授業を進めます。生徒は、自分が経験
した生活的概念と、過去に学んだ科学的概念や今学習している科学
的概念を突き合わせ、つなげ、取り込んだり、つまり知識を増やし
たり、自分の考えを修正したりして、考えながら科学的概念を学び
取っていきます。偏見や思い込みという間違った知識は訂正される
べきですから、なぜ間違っているのかをじっくり考えることになり
ます。

　あるとき、テストをして学習の成果を教師が評価しようとします
が、それは今一人で問題解決できる水準の能力にすぎないとヴィゴ
ツキーは言います。もしもう少し授業を続けて、生徒のやる気に何
かヒントになることを伝えていれば、あるいは生徒がグループ学習
などで手がかりを学ぶ経験をしていれば、また生徒が自分でこだわ
り続けてなんとか解決してみようとしていれば、発達の最近接領域
の限界まですぐにでも成長できるという明るい展望を、ヴィゴツ
キーは指摘していました。

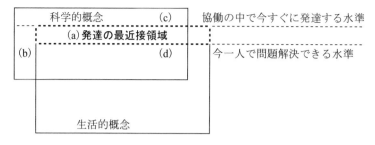

図8-2 生活的概念を礎にして科学的概念を学ぶ

　言い換えれば、中間テストとか期末テストとかの成績や、過去の学年の成績は、今の能力を表してはいないということになります。

　図8-2に示した(a)「発達の最近接領域」にこそ教師は目を向けるべきで、その生徒の意欲も関心もない(b)「外れた領域」や、(c)「上限を超えた領域」、(d)「下限より下の領域」では、授業の効果はないだろうと、ヴィゴツキーは考えました。

(2) 高次精神機能を支えるのは自分の経験と学習

①生活的概念と科学的概念の関係

　さて、生活的概念を礎にして科学的概念を据え付けようとしても、建て付けが悪いと、科学的概念の重圧に自分自身の生活的概念が押しつぶされ、二つの概念は伸びにくくなります。(**図8-3**) 教師が設定した学習プロセスに不信感が高まったり、自分の経験に自信をな

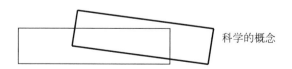

科学的概念

図8-3 生活的概念と科学的概念の関連が付けられない場合

くしてしまうわけです。生活的概念がつぶされると、自分起点で意見を持ち続けることも困難になり自分軸を失ってしまいます。結果的に、覚えた科学的概念、つまり学校で習ったことも役立たないという事態にもなります。

　自分の経験を学校で学ぶことと結びつけるには、生活的概念がストックされていなくてはなりません。経験が少なかったらどんどん経験を増やすことが必要ですが、自分で経験できないときには本やネットで調べ、それを「内言」、つまり自分へのことばにしてストックしましょう。

②フィンランドの英語教育

　皆さんと同年代の年齢の方の英語教育を例にとって考えてみます。フィンランドでは、2016 年の国家カリキュラム（日本の学習指導要領相当）に沿って小学 1 年生から外国語として英語を学んでいます。

　それ以前は、2004 年の国家カリキュラムに沿って小学 3 年生から一般に英語を学んでいました。同じ頃、日本では、小学 5、6 年生が英語活動をしていました。英語教育の研究者の伊東治己が日本とフィンランドの授業を比較しました。小学校から普通科高校まで、英語の授業数は日本が 928 時間、フィンランドが 684 時間です。教科書に出てくる単語数は、日本は小・中・高で 3,285 語、フィンランドは小・中のみで 7,366 語です。また、教科書のページ数は、日本は小・中・高で 5,469 ページでフィンランドは小・中のみで 10,018 ページです。フィンランドの普通科高校の教科書を加算すれば、さらにこの差は大きく開くはずです。フィンランド人は、日本人よりも少ない時間でたくさんのことを学んでいるようです（伊藤治己 2014：51-54）。

　CEFR（セファール、ヨーロッパ言語共通参照枠）という日本の文部科

学省にも採用されている言語運用力の国際的到達レベル（福田誠治
2021C）でみれば、フィンランドの普通科高校では CEFR-B2 ですが、
日本ではワンランク下の CEFR-B1 がせいぜいの実力のようです。
授業時間は少ないのに、なぜこんなに差がつくのでしょうか。

　フィン語はウラル語族で、日本語はアルタイ語族、つまりヨーロッ
パ言語でなくアジアの言語です。ともに英語とはまるで違うわけで
すが、フィンランド人が EU のなかで生きていくためには、英語と
いうインド・ヨーロッパ言語を覚えるほかないのです。違うとすれ
ば、漢字を覚える必要がないことくらいです。では、なぜこのよう
な差がつくのでしょうか。

　まずフィンランドでは、幼少の頃からテレビを見れば、映画には
吹き替えがありません。テレビ画面には字幕がつきますから、子ど
もは英語は音で、フィン語は文字で生活的概念として学んでしまう
のです。パソコンでゲームをしたり、画像を見ても、吹き替えはあ
りません。日本と違って、身の回りに英語があふれていて、英語や
ヨーロッパ文化に関する生活的概念がとても豊かなのです。

　小学校の英語の授業は、複式学級の小規模学校でも英語の専科の
先生が担当します。しかも、基本的には英語で授業をします。分か
らなければ教科書を見ると、フィンランド語で説明が書いてあり
ます。かつては小学校の英語の教科書には CD が付属していました。
中学でも高校でも、先生は英語で授業するのが基本です。教科書以
外に英語を使う場面がたくさんあるのです。

　子どもたちは生活的概念が豊富なので、教科書を学ぶときで
も、自分の持っている生活的概念で単語の意味や発音や文法などを
チェックして、自分のもっている知識を修正・拡大し、自分の知識
構造のなかに新しい知識を付け加えたり、構造そのものを修正した
りします。英語の単語を増やすだけではありません、こんな動物が

いるのだと知識を増やしたり、熱帯の動物かと新しい動物概念を
知ったりなどたくさんの思考をします。つまり、英語を使って世界
のことを知るのです。

　教科書から科学的概念を学ぶことは、このように、単語や年号や
化学記号や公式などをただ覚えるのでなく、科学的概念によって生
活的概念を整理し、さらに新たな知識や技能を付け加えて整理し直
すことで、科学的概念は生活的概念の上に据えられ、転移されます。
つまり、学習成果の「内化」が起きるわけです。

　心理学者のヴィゴツキーは、生活的概念が熟しているときにのみ
科学的概念は学ばれると言っていますので、生活的概念が熟してい
なければ科学的概念の学習はそれほど効果がなく、せいぜい知識を
暗号として記憶するに過ぎなくなります。暗号は、語呂合わせで覚
えるのが効果的で、日本のお家芸である「かけ算九九」は口調よく
とてもよくできています。

③本一冊読んでできる概念

　ヴィゴツキーは、さらに圧巻の例を見せてくれます。長い引用で
すが、小説を一冊読むと思って読み切ってください。

　　「意味作用の法則の特に明瞭な例は、ゴーゴリの叙事詩『死せる
　　魂』の題名である。この言葉の最初の語義は、人口調査票から
　　まだ消されていない、したがって生きている農奴と同じように
　　売買の対象となり得る死んだ農奴を意味した。それは、死んで
　　いるのに、まだ生きていると見なされる農奴である。この言葉
　　は、死んだ農奴の買い集めで全体が構成されているこの叙事詩
　　の全体を通じても、この意味で使用されている。しかし、この
　　叙事詩の織物全体を赤い糸のようにして貫きながらこれら二つ
　　の言葉は、自分のなかにまったく新しい、はるかにより豊かな

意味を吸収し、海面が海の水を吸い込むように、叙事詩の個々
の章や形象の深い一般的意味を吸い込み、叙事詩の最後で初め
て完全にそれらの意味で満たされたものとなっている。これら
の言葉は、いまは最初の語義と比較して、まったく違ったある
ものを意味するようになっている。死せる魂（<Мертвые души>）、
それは、死んでいながら生きているものとして数えられる農奴
ではなくて、生きていながら精神的に死んでいるこの叙事詩の
主人公全部を意味するのである。」（Выготский 1982：349、ヴィゴツ
キー 2001：419、Vygotsky 1987：278）

ロシア語の душа（ドゥシャー）には、「農奴」という意味と「魂」とい
う意味が含まれています。души（ドゥーシ）と綴ってありますから、
この農奴は複数形で、大勢いることが分かります。農奴を所有する
地主には人頭税がかけられていました。小説の主人公は、死んだ農
奴の戸籍を集めて、税金をごまかして一儲けを企みました。現実の
農奴の生活を見ながら旅を続けていくと、「生きている農奴」のは
ずだが「魂は死んでいる」という実態を発見します。小説の読者は、
魂が死ぬと人間はどうなるのかをゆっくり考えていくわけです。こ
うして、読者は、『死せる魂』というたった二語の言葉に、本来の
語義にはないたくさんの意味を流入させていきます。その意味は、
小説を読む者の立場や、人生の悩みや、希望などを条件にして、一
人ひとり異なっていきます。

　ヴィゴツキーは、とても重い課題を提示しました。内言について、
「その意味を外言の言語に翻訳するためには、一つの言葉に吸
い込まれた意味を一連の言葉のパノラマに展開しなければなら
ない。ゴーゴリの叙事詩の題名の意味を完全に明らかにするた
めには、『死せる魂』のテクストを完全に広げなくてはならない
のとまったく同じである。ところで、この叙事詩の多様な意味

　が窮屈な二つの言葉の枠のなかに収められるのとまったく同じ

　ようにて、内言では巨大な意味内容が一つの言葉の器に注ぎ込

　まれうるのである。」(Выготский 1982：349、ヴィゴツキー 2001：419)

というのです。

　同じ論理で、悪意を持った者がスマホの SNS を通じて、内言の世界に入り込み、言葉の意味を書き換えてしまったり、偏見や虚像という「思想」の世界を作り上げてしまうことも容易になっているのではないでしょうか。このような行為は、マインドコントロールとも呼ばれています。

　人間の理性を頼り、客観的な知識を根拠にしてよくよく考えれば正しい判断ができるという哲学で、近代的な西欧社会は成り立ってきました。このように思考する力を、ヴィゴツキーは、高次精神機能と呼びました。しかし、高次に抽象化された内言の世界を探究してみると、実は高次精神機能とは正反対の闇の世界でした。意味の統一体と思える「思想(思索)」は、分けがたい思索の塊、思想の雲だと推測する他ありません。合理的、理性的な思考構造が抜き取られ、さまざまな概念が沈殿した「心」だけの世界、あたかも「黄泉の国」のようなものです。ですから、人間には、多くの偏見や、怨念が残り続けるわけがこれでわかります。

　ヴィゴツキーが言っているわけではありませんが、内言は「生活的概念」で構成されているのかもしれません。

　いや、「内言では巨大な意味内容が一つの言葉の器に注ぎ込まれうる」という表現からすると、ヴィゴツキーのいう「内言」とは現在われわれが話題にしている「概念」のことだと解釈してもよさそうです。

第9章　内言2
——形をなくした意味の世界——

　ヴィゴツキーは、とても恐ろしいことに気づいていました。

　前米国大統領ドナルド・トランプ（Donald John Trump）がとった行動、それを未だに支持しているかなりの数の国民がいます。事実なのか、フェイクなのか、スマホが作り出すリアリティは見分けが付かなくなっています。

　人間は合理的思考ができるはずなのに、なぜでしょうか。

　思考の道具として使用される社会的な言語、いわゆる内面化（内化）された外言を、「内言1」と呼ぶならば、個人の頭の中では内発的な言葉が動いています。これもまた内言ですので、内言2と仮に名付けておきましょう。ヴィゴツキーもまた、内言そのものを「概念」と解釈することも可能だと思っていたようですが、そこを中心課題とするほどには踏み込んで研究していません。『思考と言語』第6章が「きわめて独創的な見解」であるならば、内言という仮説をメモした第7章は「だれも考えたことのない」ようなレベルに踏み込んだのです。この桁違いの可能性があるからこそ、北米の心理学と言語学はほぼヴィゴツキーの路線に塗り変わりました。さらに、ヴィゴツキーが示唆した世界は科学的認知論を生み出し、暗黙知を科学知まで変換することで人工知能を探り当てるところまで進んできています。筆者は、ヴィゴツキーの心理学こそ旧来の教育学を一変さ

せるパワーがあると考えています。

　おそらく、人間の思考は、高次精神機能で学習する時点では内言1に支えられていますが、その成果のすべてが神経メカニズムに記憶されるわけではありません。理解し、納得した段階では、外言と同等の内言1は個人が持っている概念構造に置きかわり、記憶の段階では内言2の世界に降りていくと思われます。そこで、よほど概念形成を突き詰めておかないと、合理的思考のプロセスを神経メカニズムの上で呼び戻すことができず、誤った情報、都合のよい知識が記憶のなかに残ってしまうと、筆者は考えています。そうなると、偏見や思い込みを修正することは、きわめて困難になってしまいます。このことを以下に説明してみようと思います。

(1) 内言の発見

①自己中心的言語に着目

　子どもはわけの分からない言葉をぶつぶつと発し、自分の世界で遊んでいることがあります。ジャン・ピアジェは、それを「自己中心的言語(private speech; egocentric speech)」と呼びました。大人が使うはっきりと分節に分かれた言葉ではなく、文法もあいまい生までその言葉がつながっています。ピアジェは、この自己中心的言語は、大人との交流を意図しないで、子どもの精神にひとりでに発した、つまり自発的なものであると考えました。やがて、大人との交流に中で社会的な言語へと発達すると考えて、自己中心的言語と名付けたわけです。したがって、大人との交流の中で子どもの思考が発達すると、言語は論理的に使用されるようになり、自己中心的言語は消滅していくと考えました。

　ヴィゴツキーは、この自己中心的言語とは、子どもの思考が人間

関係の中で社会的な言語と出会い、その言語を借りてきて自分なり
に使っているだけの表現形態だと考えました。周りの人たちとの交
流の中で、偶然に他者とのコミュニケーションが成立し、その経験
が繰り返され、そのたびに考えて、言葉には特定の「社会的な意味」
があることを学びます。この「言葉の社会的な意味」を「語義」と呼び、
子どもは、この語義を学習し、自分なりに考える言葉の「意味[111]」
の中にこの語義を加えるのだと考えました。ところが一般には、そ
してヴィゴツキーもまた、この語義を単に「意義[112]」とも呼んでい
ます。多くの他者にも、つまり社会的に通用する言葉の意味を「意
義」、他者には伝わりにくい言葉の意味を単に「意味」と呼び分けた
ということです。さらに、同じ意義でも、複数の言葉がそれぞれ表
現していることもあります。したがって、言葉を覚えたからといっ
て理解しているというわけではないということは明らかです。そも
そも、よく理解していない言葉を発している大人もいます。

　個人の内で思考のために使用される言語を「内言」と呼び、そ
の発生源を個人の外にある社会的な言語、すなわち外的言語であ
る「外言」だとヴィゴツキーは、考えたわけです。そして、外言を
理解し自分の言語に「同化・吸収（assimilation）」することを、「内化（ないか）
（internalization）」と呼びました。

　ヴィゴツキーならではの考察は、第一に、内言のうち外言のま
ま使用される科学的概念は、文法が正確で複雑な理論的考察を行
うことができ、人間の大脳が行うこの能力を「高次精神機能（высшая
психическая функция; higher mental functions）」と定義したことです。しか
も第二に、この人間ならではの高度な思考は、人間同士の交流、コ
ミュニケーションの最中に主体によって生成されると見なしたこと
です。思考のプロセスと成果は、個人の内部に取り込まれ記憶され
ることになります。ヴィゴツキーは、これを「精神間（interpsychic）」

から「精神内（intrapsychic）」への転化と呼びました。また、外部の社会的な行為を内部の思考プロセスでモニターし、思考の産物を理解し、判断、評価して、まあまあ納得して、必要に応じて個人の既存知識との統合・調整を図り、全体の知識構造を修正し、記憶するという理論は、「内化理論」と一般に呼ばれます。

　自分ともう一人の自分との対話も、個人内コミュニケーションとかメタ認知としてとらえることができるでしょう。

②社会的言語が自己中心的言語になるのなら

　ヴィゴツキーは、さらに先を考えました。

　高次精神機能は、コミュニケーションなど社会的な交流の中で発生してきます。主体の側からすると自発的に、自己起点で、概念的思考に基づく協働的活動をしながら思考の成果を自ら創り出していきます。

　外的な知的行為が内面化されたものが学習者個人の知的能力になるというのが、内化理論と呼ばれているわけです。

　交流の結果、学習者が高次精神機能を使用して知識や能力を構成するという見解を構成主義といいます。グループ活動など社会的な生産活動や役割行動など協働（コラボレーション）によって知識や能力を構成していくことを社会構成主義と言います。

　外言と同じ明確な意味内容と形式的な文法とを使う言語を「内言1」と言うならば、自己中心的言語はそれとは異なります。そういえば、「話しことば（speech、oral language）」もまた、意味内容がはっきりしないものが多く、たいてい文の形式は乱れています。そこで、ヴィゴツキーは、**図 9-1** のような流れを推測したわけです。

　しかも、このような順で思考したことばは変化していき、最終的には言語の断片という捉えがたい内言、本章で名付ける「内言2」に

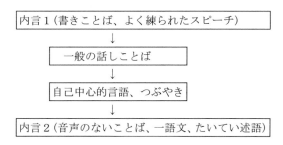

図9-1　内言1から内言2へ転化するイメージ

なっているのではないかと推定したわけです。

　そうなると、思い込んでしまった偏見のように、合理的思考や理性的判断が効かないわけですから、「内言2」を修正することは容易ではないということがわかります。

　同時にまた、**表9-1**のように、内言から外言を構成する「発話（utterance、speech）」という段階は実にやっかいなプロセスになってきます。

　内言化によって、言葉で表されていた「概念」は「内言2」になるにつれてどんどんと希薄化してしまいます。希薄化した核の中心部分から、つまり「思想（思索）」の世界から私たちは「発話」していかなくてはならないというのです。

（2）外言とは異なる内言

①内言がさらに沈むと

　人間の脳による論理的思考は、言葉などの記号によって担われます。様々な思考は、記号のなかみを操作していきますので、内言は概念のことだと考えた方がうまく整理できると思われます。つまり、教育学の世界では、社会的要素の側面が強い「言語」と、個人的要

表 9-1　内言への記憶と内言からの発話の往復ルート

内言2の初期段階	話しことばから類推できる特徴	①音声的要素の縮小、言語刺激の縮小 ②述語主義、
内言特有の意味構造 個人的な意味	自己中心的言語から類推できる特徴 ①音声的構造 ②構文法 ③意味論	①' 音声がほぼ消滅 ②' 構文法がほぼ消滅 ③意味作用の法則 　内言の意味論、言葉の意味の操作 ④言葉の意味が語義に優先する ⑤言葉の一部から複雑な概念・複合語を形成する 　一つの言葉に多数の意味を注入・統合する
究極の内言 思想（思索）	decode 中心課題をになっている言葉に意味を詰め込んでしまう	考え、思い 言葉には多様な意味が溶けていて、不安定で、構文法はない。意味と意義はあるが、ことばはない。
発話 высказывание （говорение） speaking out （expression）	①動機 ②思想の生成（出現・創造） ③ encode、書きことば（精密コード）、話しことば（制限コード）	単なる言葉の置き換えではなく、意義に合う言葉を探し、状況に合わせて必要な意味を込めながら、論理を組み立ててコンテクストにし、ことば（文）を作り出していく。

（筆者作成）

素の側面が強い「概念」のダブル・スタンダードで理解する方が自然であるということです。

　ヴィゴツキーは、さらに第三に、高次精神機能の発展とともに、内言は他者へのことば（「内言1」）と自分へのことば（「内言2」）とに分かれ、自己中心的言語は自分へのことばなのだと判断したことです。

　聞き手よりは自分中心に、単純な言葉で、あいまいな文法でという特徴は、話しことばに見られますので、ヴィゴツキーは、**表9-1**のように「話しことば」、「自己中心的言語」へと内言が進化し、そ

の行き着く先は究極の内言であろうと推測しました。「われわれの分析は、われわれをもう一つの結論にも導いた」(Выготский 1982：343、ヴィゴツキー 2001：411、Vygotsky 1987：274)と、ヴィゴツキー自ら書いています。これが、第四の特徴となりますが、これこそ、ヴィゴツキーならではの天才的な着目だと筆者は考えます。

> 「最初はまだ、自己中心的言語は、その構造面では社会的なことばと完全に一つとなっている。だが、発達するにしたがい、ことばの独立した自律的な形態において機能分化が進んでいって、自己中心的言語すべてがだんだんと、構文法の分化の面で省略、解体へ、凝縮への傾向を表す。萎縮症にかかり、内言へ移行するまでには、それはすでに断片的なことばの印象へと行き着いている。ちょうどすでに、ほとんど完全に、純粋な述語主義的構文法にしたがうようになっているのである。」

(Выготский 1982：344、ヴィゴツキー 2001：412、Vygotsky 1987：274)

図 9-2 のように、内言のうち、高次精神機能を支えることばは、社会的にチェックされる外言を使いますので、これを外言コード(「内言1」)と呼びましょう。ヴィゴツキーは、自分へのことばは外言コードが退化した言語だと見なしましたので、これを内言コード(「内言2」)と呼び分けることもできます。英国の言語学者で教育社会学の研究者バジル・バーンステイン(Basil Bernstein)の分類では、精密コード(elaborated code)と限定コード(restricted code)がこれに対応します。

同じ言語でも、相手との関係で使用する言語コード(単語や文法の体系)が異なることにバーンステインが注目したのは、1960 年のことです。これを言語コードだと命名して論文にしたのは、1962 年のことです(Bernstein 1971、バーンステイン 1981)。ちょうど、ヴィゴツキーの『思考と言語』が、英訳で出版された年に重なります。

212

　ヴィゴツキーとバーンステインとを比較して共著を出版している二人の研究者がいます。その一人は、「ユダヤ教の文化的・歴史的な本性(cultural-historical nature of Judaism)」を指摘しています。もう一人は、キリスト教が個人の欲求を重視するのに対して、意識の社会的生成論(socio-genesis)とか、社会や集団的実践を重んじる行動スタイルはユダヤ教の方が強く、「社会的・集団的な歴史的要素」が「ユダヤ教の基本原理(the basic principles of Judaism)」として認められているからだと指摘しています(Castelnuovo and Kotik-Friedgut 2015：128, 154)。バー

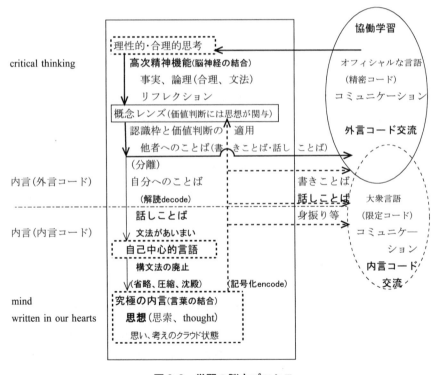

図9-2　学習の脳内プロセス

（筆者作成）

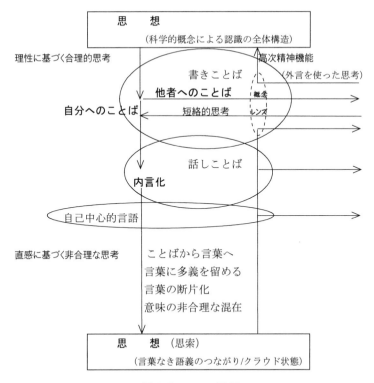

図 9-3 二つの思想

(筆者作成)

ンステインはヴィゴツキーの影響を受けていましたが、二人の理論は1980年代に広く英語圏の研究者たちに行き渡りました。

②発話の困難さ

　さて、ヴィゴツキーは、論理を展開してはっきりとは述べてはいませんが、彼の説に従うと、人間の高度な思考の結末は内言(「内言2」)という恐ろしい結果にたどり着きます。ヴィゴツキーが覗いた闇の世界は、『思考と言語』第7章という未完の草稿として刊行されていますが、その人類史的な大問題をヴィゴツキーはそれほど悲観し

ていませんでした。

　この第7章は、オシップ・マンデリシュターム (Осип Эмильевич Мандельштам) のある詩から始まります。

　「私は、自分が言おうとしていた言葉 (слово; word) を次第に忘れていく。

　　すると、身体のない思想 (мысль; thought) は、黄泉の宮殿に帰ってしまうのだ。」(Выготский 1982：295、ヴィゴツキー 2001：354)

　恋人を目の前にして、伝えたいことがあるのに、ちょうどよい言葉を探しているうちに何もことばが出てこなくなってしまった。話したいのに話せない。相手は、自分のことをどう思うだろうか、……。

　ちょうどよいことばが見つからないと、記憶の彼方に概念としてのイメージは消えてしまうというわけです。

③失語症

　逆に、ことばが無いものだと思ってきた「自閉症」の子どもが、実は、言葉に概念を定着させていたという発見もあります。自閉症と呼ばれる人々は、ことばを発せず、ぴょんぴょん跳びはねたり、頭を壁に打ち付けたりするだけなので、まったく考えていないものと世界中でそう思われてきました。ところが、日本の東田直樹さんが中学生の時に綴った本が刊行されると、自閉症への見方が世界で一変します。かれが綴ったことばを一部紹介しましょう。

問57「どうしてパニックになるのですか」

　答「……みんなが僕たちを誤解していることのひとつに、僕たちはみんなのような複雑な感情は無いと思われていることです。目に見える行動が幼いので、心の中も同じだろうと思われるの

です。

　僕たちだって、みんなと同じ思いを持っています。上手く話せない分、みんなよりももっと繊細かも知れません。
思い通りにならない体、伝えられない気持ちを抱え、いつも僕らはぎりぎりのところで生きているのです。

　気が狂いそうになって、苦しくて苦しくてパニックになることもあります。

　そんな時には泣かせてください。側らで優しく見守ってください。苦しさのあまり自分が分からなくなり、自傷、多傷行為をするのをとめて下さい。」(東田直樹 2007：138-139)

ここで言われている「思い」とは、ヴィゴツキーのいう「内言」(「内言2」)のことになります。

問26「空中に字を書くのはなぜですか」

　答「僕たちは、よく空中に字を書いています。……

　僕の場合は、覚えたいことを確認するために書いているのです。

　書きながら、見たものを思い出します。それは、場面ではなく文字や記号です。文字や記号は僕の大切な友達なのです。……」(東田直樹 2007：68-69)

問8「すぐに返事をしないのはなぜですか」

　答「みんなはすごいスピードで話します。頭で考えて、言葉が口から出るまでがほんの一瞬です。それが、僕たちにはとても不思議なのです。……

　僕たちが話を聞いて話を始めるまで、ものすごく時間がかかります。時間がかかるのは、相手の言っていることが分からな

216

いからではありません。相手が話をしてくれて、自分が答えようとする時に、自分の言いたいことが頭の中から消えてしまうのです。……

　言おうとした言葉が消えてしまったら、もう思い出せません。相手が何を言ったのか、自分が何を話そうとしたのか、まるで分からなくなってしまうのです。その間にも、質問が次から次と僕たちにあびせられます。

　僕たちは、まるで言葉の洪水に溺れるように、ただおろおろするばかりなのです。」(東田直樹 2007：26-27)

意味をつなぎ止めている記号、東田さんの場合はとくに漢字が大きな役割を果たしているようですが、圧縮された内言から外言にまで概念を展開することは、誰でも難しいことです。役者や芸人でさえ、何度も何度も練習するわけです。

問3「いつも同じことを尋ねるのはなぜですか」

　答「僕は、いつも同じことを聞いてしまいます。……
どうしてかと言うと、聞いたことをすぐに忘れてしまうからです。……

　物事が分かっていないわけではありません。記憶の仕方がみんなとは違うのです。

　よくは分かりませんが、みんなの記憶は、たぶん線のように続いています。けれども、僕の記憶は点の集まりで、僕はいつもその点を拾い集めながら記憶をたどっているのです。」(東田直樹 2007：16-17)

どれも、筋の通った話だと思いませんか。
うまく言葉にできないこと、ゆっくり考えていると会話について

行けない、言おうとしている言葉が見つからないと消えてしまう、言葉に詰まってしまうと話の筋がつながらない、こんなことを東田さんは語っています。適切な言葉を選んでいるうちに言葉が消えてしまうことは、マンデリシュタームが詩に書いたとおりです。

　一般に、自閉症の人たちはことばで考えていないと思われてきました。東田直樹さんが自閉症者では人類最初に文章を書いたわけです。この本は英訳されニューヨークで出版されています (Higashida 2013)。英訳本は、世界に、とりわけ自閉症の子どもたちを持つ親に衝撃を与えました。「そんなことを考えながら苦しんでいたのか」「今初めて分かった」と、日常一緒に生活していた親でさえ初めて理解したのです。施設に遠ざけていた子どもに会いに通う親も出てきました。そのような様子を、NHK は『君が僕の息子に教えてくれたこと』(2014 年 8 月 16 日) として放送しました (NHK 2015)。

　なぜ東田さんには言葉に表現できたのでしょうか。彼は、小さいうちから漢字を覚えることは好きだったといいます。これに気がついた母親は、漢字を意識的に教えたといいます。それが、ワープロの助けによってことば（文）として表現されることになりました。

　漢字は図形として人間の右脳で認知されますから、おそらくここに秘密があることと思われます。言語を司る大脳左脳の言語野が障害を受けていた場合でも、言語野を代行する部分が大脳に形成されたと推測することができます。漢字は、表意文字と言われ、一文字にそれぞれ意味があります。そのため、一文字が絵のように働き、人間の脳にイメージがわくかも知れないと推測できるからです。ただし、それがデザインのように広がってつながりを持って認識されにくいのではないかと推測されます。いずれにしても、「自閉症」の人の頭の中では、概念が形成されて動いていることがこれで分かります。

東田直樹さんが22歳の時に書いたエッセイ「言葉」の後半部分を引用しましょう。

> 「僕にとって家族の声かけは、光そのものでした。言葉というものは、長い時間をかけて育てていくものではないでしょうか。
>
> 話しかけられれば、それに答えようとする気持ちは、障害があってもなくても同じだという気がします。答えられないからこそ、尋ねてほしいのです。
>
> 話せない人が言葉を伝えるためには、ものの名前を理解するとか、文法を学ぶことだけではなく、考える力を育てることが重要だと思っています。
>
> 話ができず不便だったり、大変だったりすれば、どうしたら少しでも言葉が伝わるか、自分でも工夫し、なんとかしようとするはずです。これは、報われるためだけではなく、生きるための努力なのです。
>
> 与えられた運命に立ち向かうことができるのなら、自分をもっと好きになれるのではないでしょうか。
>
> 何より大事なのは、その人の生きる意欲を支えることだと信じています。」(東田直樹 2014：77-79)

このことからも、一つの「言葉」を糸口にして、かなり複雑な概念思考を「ことば（文）」に展開できるということです。筆者は、このあたりに教育学の極意があるのではないかと考えています。

④思想から言葉に

図9-4のように内言がいきなり外言に出てくると、仲間内にしか理解されない論理表現に終わってしまい、差別や偏見と解釈されることも起きてきます。

図9-5のように概念を経ることによって、社会的に通用する発言

になり、コミュニケーションが可能になります。概念的思考をくぐ
れば、相手に合わせて発言内容を調節し、誤解を避ける言葉を選ん
で丁寧な論理で説明し、理解を求めることもできるようになります。

　ある状況、コンテクストがあると、何か動機が現れてきます。空
腹を満たしたいという動機としましょう。この時、ハンバーグ、ス
パゲッティ、デザート、ワインなど、一瞬にしてたくさんのイ
メージが湧きます。言葉にならなくても、湧き出たそれらを貫く「意
義」を特定すれば、抱いている考え、思いが、言葉になります。「食
事」という言葉に落ち着いたとしましょう。まてよ、ワインはなぜだ、
その時、一緒にいる友人の顔と、都会の通りと、夕方の5時だとい
う状況が認識されます。そこで、一瞬にして、「会話」という言葉
がはっきりします。

　「思想」と呼ばれる考えや思いという「もやもや」は、こうして「言
葉（単語）」という「身体」にとりあえず宿らせます。

　次に、中身の宿った「言葉」をつないで、自分の「思考（考え）」を、「こ
とば（文）」にしながら相手に伝えようとします。

　　「ねえ、時間ある。食事でもしながら、少し話があるのだけど、
　　いいかなあ。」

という、外言が表現されます。この時、相手の反応を見ながら、注
意して、恐る恐る言い出すかも知れません。これを、一瞬のうちに
こなします。

　「どこで食事するか」「何を話すか」「この前は、どこまで話したっ
け」という具合に、「思想」は次々に浮かび上がって展開していきま
す。それにしたがって、「思考」をテーマごとに構成し、次々に単
語を選び、さらに文法を判断していくことになります。

　つまり、私たちの思いや考えは、きれいに整理されて、はっきり
した内容で記憶されているわけではないようです。状況、環境によっ

て記憶は引き出される、黄泉の世界から連れ戻されるようです。

　ここではっきりしておくことは、「思想」には「言葉（単語）」が対応し、「思考（考え）」には「ことば（文）」が対応します。もやもやした思想の中身は個人的な意味です。思想を形にするには、思いついた複数の内言を貫く「意義」を抽出します。そして、これを表現する外言、世間に通用する言葉を探します。これが難関です。ぴったりはまらないからです。さらに、言葉をつないで、伝えたい「思考」を文にするわけですが、相手に伝わらなければ、言葉を選び直したり、なかみを説明し直すために構文を組み直さなくてはなりません。

　そして、最後に、ストーリー（物語、narrative）を組み立てることになります。これが相手に説明する文章、相手を説得する文章になるのです。思想（思索）へと抽象化された概念は、発話プロセスの中で言葉・ことばの意味に姿を変え、人間の文化の中でストーリーという大きなアイデア（思想、道徳）へと展開するわけです。

　自分の意見を述べるとは、とてつもなく大変なことで、相当の訓練が必要なことになります。沈黙をよしとする社会でそだった日本人は、個人主義の欧米社会に生きる人々に比べて、とてつもない大きなハンディを負ってしまいます。個人主義の強い欧米社会では、今自分は一体何をすれば良いのか、そもそも自分は何がしたかったのか、どうするか、と常日頃から考えているようです。

　それに比べると受け身で育った日本人は、問題意識も持たなければ、何も思いつかない、ということになってしまうのですが、これでは困ります。環境・状況に対応して、自分なりに思いや考えは浮かんでくるが、必ずしも展開するわけではありません。試行錯誤とか、たくさんの失敗とか、なぜなのかとリフレクションするとか、困難なことだらけです。

　発話、すなわち内言を外言に移行するとは、単に言葉を並べると

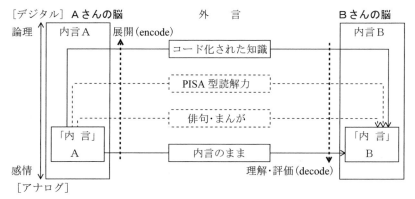

図9-4　発話された外言コードは多段階・多チャンネル

（筆者作成）

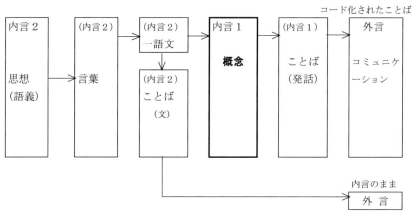

図9-5　発話からコミュニケーションへ

（筆者作成）

いうのではなく、生活的概念から科学的概念へと概念を操作しながら、より相応しい言葉やことばに転換する複雑な作業です。その言葉を選んだ発話者の概念の中身、つまり思想（価値体系）、いわゆる教養までが表現されてしまうことなのです。それゆえに、相手に知られたくないという意思が働き、ますます困難になってくるのかもしれません。

(3) 内言 2 の姿

①内言の生成

　人間は、自分の脳が支えられる範囲で、長期記憶を残していきます。

　ヴィゴツキーとその同僚の研究者たちは、内言解明の手がかりを、ピアジェが注目した自己中心的言語から着想します。ピアジェとはまったく逆の筋道を考えました。（表 9-1）

　さらに、自己中心的言語の一つ前に、話しことばを並べたことも、見事な着想です。バーンステインが労働者階級の学力格差の原因として大衆言語に着目し、限定コードと名付けて研究を開始した 30 年前の話です。

　自分へのことばが、話しことば、自己中心的言語、そして究極の内言にあたる「思想」へとたどり着く道筋を描いたわけです。自己中心的言語は、幼児期の未熟さゆえに克服されるどころか、大人になっても残り続け、ただ聞こえなくなり、大人には見えなくなっただけだというわけです。

> 「ことばの形相的側面、その構文法およびその音声は、最大限に単純化され、凝縮し、最小限に達する。そこで最も重きをなすのは、語義である。内言は、主としてことばの意味を操作するのであって、音声を操作するのではない。」（Выготский 1982：346、ヴィゴツキー 2001：414）

そして、最後には、言葉の意味が溶けてしまうというのです。「言葉の意味を操作する」とは、まさに「概念」思考をするということです。

　次の例は、日本人は『イソップ寓話』の「アリとキリギリス」として知っています。夏の間、ずっと働かず音楽を奏でて楽しんでいたキリギリスは、冬になると食べ物がなくなってアリに物乞いをしま

す。ところがアリは、「冬は踊って過ごしたら」と言って突き放します。キリギリスは凍え死んでしまいました、というあらすじです。ヴィゴツキーは、こう言います。

> 「この言葉の語義と意味の相違を、クルイロフの寓話『トンボとアリ』の結びの言葉を例にして説明してみよう。この寓話を結ぶ言葉『踊る』は、どのようなコンテクストのなかにそれがおかれようと異なることのない一定の恒常的語義をもつ。だが、この寓話のコンテクストのなかでは、それは、はるかに広い知的・情動的意味を獲得する。それは、このコンテクストのなかでは、『楽しむ』と『滅びる』とを同時に意味している。」
>
> （Выготский 1982：347、ヴィゴツキー 2001：415）

「踊る」ばかりで、「楽しむ」ようなことをしているとやがて「滅びる」よという文は、内言になるとまず構文を失って、「踊る」「楽しむ」「滅びる」という言葉だけに短縮されます。そして、三つの言葉は、一つの象徴的な言葉「踊る」に統一され、三つの語義は、「踊る」という意義だけに凝縮されてしまいます。もしかしたら、読者の心に浮かんだ「怠ける」という意味が、「踊る」「楽しむ」「滅びる」という言葉の中に流入して、本来の語義を流出させてしまうかも知れません。言葉の意味が変化してしまうことを、ヴィゴツキーたち心理学者は、意味作用と呼びました。考えて読むとか、解釈するということは、読者によっては内言の世界に「遊んでいると滅びるぞ」という思いがけない概念を作り出すということです。

②差別や偏見の根はどこにあるのか

　学校の授業がよく理解できるには、なぜだろうと探究するような自分の生活経験をたくさん作って、生活的概念を豊かにしておくことが重要なことです。

2021 年、東京オリンピックを前にした時の出来事ですが、女性蔑視発言をした高齢の政治家で大会組織委員長が、言い訳をすればするほど窮地に陥っていきました。本人は謝罪したと言っていますが、それを聞いた多くの人は「謝罪になってない」「本心がよく分かった」と考えます。

どこに問題があるかと言えば、意識が古いままの保守的な人は、グローバルな世界における意識の変化についていけてなかったことです。つまり、古いままの生活的概念は、時を経ると知らぬうちに「未熟な生活的概念」になってしまうのです。高齢者は経験豊かと言っても、古い経験があるだけでは時代の変化にはついて行けずに、変化の相対速度はマイナスになっています。つまり、年齢は熟していても社会の変化についていけないと生活的概念は未熟だと見なされるわけです。未熟な場合には、科学的概念あるいはオフィシャルな知識をうまく理解し、自分の発言のなかに取り込んでいく努力をしなくてはならないということです。

こんな時、「理性」とか「合理的判断力」があれば、たとえ自分には納得いかなくても、発言を思いとどまることができます。科学的概念あるいはオフィシャルな知識を学んでおくことは、たとえ自分が納得できなくても、社会生活をする上ではルールとして守らなくてはならないことだと分かります。

さらに、失言をしないように、他者へのことばは前もって文章に表現しておくとよいこともわかります。

もし内言が生活的概念から構成されているとすれば、生活的概念と科学的概念の重なりの部分を大きくしておく、つまり自分の生活的概念をリフレクションして科学的概念としても通用するようにしておくということでしょうか。

③論理的に記憶するにはどうしたらよいのか

　ヴィゴツキーとその同僚たちが格闘した思考の研究は、もう90年も前のことです。その頃に比べれば、社会はますます複雑になっていますが、人工知能を作り出せたくらいですから、考えるプロセスをおろそかにせず、その結果を言葉とか記号とか人間ならばこそ、実践活動で確かめながら良質の情報を選んで学び、一つひとつの言葉の中に自分の意味を込めていき、リフレクションしながら内言の調節をして、コミュニケーションするときには自分の思想をできるだけ誤解のないように展開する力を付けておくことだと思います。そのためには、他者へのことばを自分にも向けて、書きことばとして記述しておくことが大切になっているのだということです。

　図 9-6 は、世に広く流通している、いわゆる「ラーニング・ピラミッド」です。すでに図 6-1 として本書に登場しています。これを逆さにひっくり返してみます。

　この資料の数値は、「授業から得た内容を半年後にどれだけ覚えているか」というデータだそうです。図 9-6 と **図 9-7** を比べて見てみると、協働活動の中で主体的になると学習の成果は大きいことが、直感的にですが何となく分かります。科学的概念ではなく、生活的概念だということです。授業改革をしようとする者の「願望」も多分に入り込んでいるとも思われます。

　はっきり分かることは、学習成果は、他者（もう一人の自分でもよい）へのことば（文）にして、はっきりと表現しておくことが必要だということです。

　なお、この「ラーニング・ピラミッド」の出典は、実ははっきり分かっていません。図の始まりは1946年、データの記入は2009年のある論文が最も古い例と言われています。数値には科学的根拠がないのですが、多くの教育関係者が直感で「多分そうだろう」と理

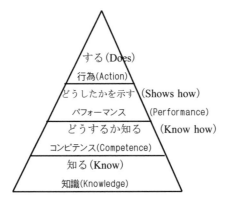

図 9-6　臨床評価の枠組み（framework for clinical assessment）

（Miller 1990: 63）

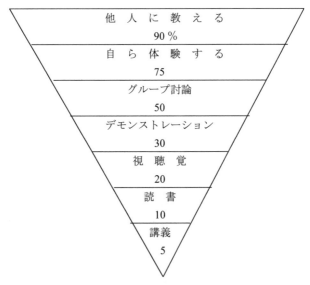

図 9-7　学習成果は逆ピラミッド

解しています。

（4）心の世界

　思想家ユヴァル・ノア・ハラリ（Yuval Noah Harari）は、現代の科学は「心（mind）がどのようにして脳から現れるか（how the mind emerges from the brain）は、全く説明できずにいる」（Harari 2018：321、ハラリ 2019：404）と指摘しています。

　また、こうも言っています。

> 「私が気づいたうちで最も重要なのは、自分の苦しみの最も深い源泉は自分自身の心（my own mind）のパターンにあるということだった。何かを望み、それが実現しなかったとき、私の心は苦しみを生成することで反応する。苦しみは外の世界の客観的な状況ではない。それは、私自身の心が生成した（genereated by my own mind）精神的な反応（mental reaction）なのだ。」（Harari 2018：320、ハラリ 2019：402）

　民主主義に基づく人間関係、社会制度の組織原理、平等な権利・義務関係などは、合理的に審議され、評価する仕組みがある程度できています。

　ネオリベラリズムにおいては、人間の権利としてとらえられてきた福祉や教育などがすべてサービス行為としてとらえられています。そのため、成果が測定され、費用対効果が評価される仕組みにあります。その方法には、可視化、エビデンス、成果、評価、中期目標・中期計画など、金融界の用語が使用されています。

　人の命、人の人生といったものはかけがえのない価値があり、地球よりも重いと言われた時代もありました。生徒を抱きしめ、「君たちは僕の宝だ」と叫んだ教育者もいたようです。教育とか人の愛

は、見返りを求めない純粋な奉仕なのだ、あるいは社会のための私欲をこえた行為なのだと主張し続けたいと思います。

　もし、合理的な論理のみが通る世界なら、利害関係、損得、コストパフォーマンスといったビジネス・ライクなルールのみで人間世界が支配されることに陥りがちです。

　たとえば、義理、人情、恩、いたわりといった心の世界、「同じ人間だから」という感情は、利害や打算を越えることができます。「人として」という心の世界を、人類は今後とも持ち続けられるでしょうか。

　打算的でなく、かけがえのない価値を人間が持ち続けるように、自己の概念形成をするようにゆとりある生き方を心がけ、同じ志の仲間と心地よい人間関係を作り、多様な価値を追求できるよき社会の仕組みを残しておくことを願い、教育を続けていきたいものです。

　それにしても、文化・文明が進んだはずなのに、地球上の人間の貧富の格差が開くばかりというのは、人間が生きる意味を問い・語る概念があまりにも貧困だということなのでしょうか。

　新型コロナ対策とウクライナ問題、付随して派生したエネルギー危機と医療崩壊、デジタル兵器と無人兵器の開発、それに伴って環境破壊対策の後退と原発再開、地球温暖化のさらなる進行と異常気象、これらを主要な問題としてさらに具体的な難問がさまざまに起きています。私たち人間が「大きなアイデア (big ideas)」とか、「人類の進歩」という道徳的テーマを地球規模で長期的に描きにくくなっています。それでも、「重要概念」として最後に残るのは、「一人ひとりの人間の命」という価値であると筆者は考えています。

注

Выготский（1982）の原文と、Vygotsky（1987）の英訳文を抜き出しました。

1 Понятие невозможно без слов; The concept is not possible without the word

2 мышлене в понятиях невозможно вне речевого мышления; Thinking in concepts is not possible in the absence of verbal thinking

3 не способен еще, однако, выработать новое понятие; nor is he capable of working out a new concept

4 выделить какую-либо общую черту в ряде конкретных впечатлений; isolating some general feature from several concrete impressions

5 отвелить или абстрагировать эту черту или этот признак от ряда других, слитых с ним в процессе восприятия; isolating or abstracting this feature from others that are perceptually intertwined with it

6 обобщить этот признак; generalizing or abstracting this feature

7 ставят ребенка перед задачей; The child is presented with the task of

8 житейские понятия; everyday concepts

9 ассоциирование; association

10 комплекс; complex

11 псевдопонятия; pseudo-concept

12 научные понятия; scientific concepts

13 структур обобшения; each structure of generalization

14 синкрет; syncretic

15 предпонятие; preconcepts

16 понятие; concepts

17 значение слова; word meaning

18 чувственный мательал и слово; sensual material and the word

19 необходимые моменты процесса образования понятий; both necessary fot the concept's development

20 зона ближайших возможностей в отношение житейских понятий; a zone of proximal possibilities for the development of everyday concepts (ZPP)

21 понятия - значения слов - развиваются; concepts or word meanings develop

22 Развития научного обществоведческого понятия; The development of the sci-

entific social science concept

23 оносительность; *relativeness*

24 произвольность; *voluntary control*

25 зона ближайшего развития; Zone of Proximal Development: ZPD

26 выработка; worked out

27 перенесение; transferred to new objects

28 пользование; use of the concept in free association

29 применение; application

30 определение вновь выработанных понятий; definition of developed concepts

31 возникают; *arise*

32 складываются; *are formed*

33 сложный и подлинный аст мышления; *complex and true act of thinking*

34 обобщения; *generalization*

35 значение слова; word meaning

36 спонтанная активность; spontaneous activity

37 понятийную ткань; conceptual fabric

38 предназначенные для слудующим возрастов; tasks that were meant for older children

39 если прийти им на помощь путем показа, наводящего вопроса, начала решения и т.д.; We assist each child throught demonstration, leading questions, and by indtoducing

40 с помощью, в сотрудничестве, по указанию решает задачи в возрасте до 12; With this help or collaboration from the adult, one of these children solves problems characteristic of a twelve year old

41 другой - до 9 лет; while the other solves problems only at a level typical of a nine years old

42 в сотрудничестве, под руководством, с чьей-то помощью; with collaboration, direction, or some kind of help

43 ребенок всегда может сделать больше и решить более трудные задачи, чем самостоятельно; the child is always able to do more and solve more difficult tasks that he can independently

44 В сотрудничестве зубунок оказывается сильнее и умнее, чем в самостоятельной работе; In collaboration, the child turns out to be stronger and more able than in independent work

45 он поднимается выше по уровню интеллектуальных трудностей; He advances in terms of the level of intellectual difficulties he is able face

46 расхождение при самостоятельной работе и при работе в сотрудничестве; that determines the differential between his performance in independent and collaborative work

47 всегда существует определенная, строго закономерная дистанция, которая определяет; there always exists a definite, strictly lawful distance

48 в сотрудничестве ребенок легче решает ближайшие к его уровню развития задачи; In collaboration, the child solves problems that are proximal to his level of development with relative ease

49 далее трудность решения нарастает; difficulty grows

50 и наконец, становится непреодолимой даже для решения в сотрудничестве; Ultimately, problems become too difficult to resolve even in collaboration

51 Большая или меньшая возможность перехода ребенка от того, что он умеет делать самостоятельно, к тому, что он умеет делать в сотрудничестве; The child's potential for moving from what he can do to what he can do only in collaboration

52 и оказывается самым чувствительным симптомом, характеризующим динамику развития и успешности умственной деятельности ребенка; is the most sensitive index of the dynamics of development and the degree of success that will come to characterize the child's mental activity

53 Она вполне совпадает с зоной его ближайшего развития 英語訳では脱落している。

54 подражение животного строго ограничено его собственными интеллектуальными возможностями; an animal's imitative potential is strictly limited by his intellectual potential

55 обзьяна (шиимпанззе) может по подражанию осмысленно выполнить только то, что она способна выполнить самостоятельно; the ape (i.e., the chimpanzee) can meaningfully carry out through imitation only what he can carry out independently

56 Подражание не продвигает ее дальше в области ее интеллектуальных способностей; Imitation does not move the chimpanzee further along in the domain of intellectual operations

57 операция; operation

58 а не как разумное и осмысленное решение; It does not constitute a rational and meaningful solution of a problem

59 выполнялась бы просто автоматически и механически как бессмысленный навык; carry out through imitation only what he can carry out independently

60 отличить интеллектуальное, осмысленное подражание от автоматической копировки; distinguish intellectual, meaningful imitation from automatic copying

61 усвоение требует многократных повторений; Learning requires frequent repetition

62 процесс выучки не обнаруживает никакой осмысленности, никакого понимания структурных отношений; The training process manifests no meaningfulness and no understanding of structural relations

63 он совершается слепо и не структурнро; It is realized blindly and without structure

64 Животное, даже самое умное, не в состоянии развивать свои интеллектуальные способность путем подражания или обучения; Not even the most intelligent animal can develop his intellectual capacities through imitation or instruction

65 Оно не может усвоить ничего притципиально нового по сравнению с тем, чем оно уже обладает; He cannot learn anything that is fundamentally new.

66 дрессировка; training

67 животное вообще необучаемо; animals cannot be instructed

68 у ребенка развитие из сотрудничества путем подражания которое является источноком возниктовения всех специфически человеческих свойств сознания, равитие из обучения--основной факт; development based on collaboration and imitation is source of all the specifically human characteristics of consciousness that develop in the child. Development based on instrucion is a fundamental fact.

69 Таким образом, центральный для всей психологии обучения момент; Therefore, a central feature for the psychological study of instruction

70 есть возможность подниматься в сотрудничестве на высшую интеллектуальную ступень; the analysis of the child's potential to raise himself to a higher intellectual level of development through collaboration

71 возможность перехода от того, что ребенок умеет, к тому, чего он не умеет, с помощью подражания; to move from what he has to what he does not have through imitation

72 На этом основано все значение обучения для развития; This is the significance of instruction for development.

73 а это, собственно, и составляет содержание понятия зоны ближайшего развития; It is also is the content of the concept of the zone of proximal development

74 Подражание, если понима его в широком смысле; Understood in a broad sense

75 это главная форма, в которой осуществляется влияние обучения на развитие; imitation is the source of instruction's influence on development

76 обучение речи, обучение в школе в огромной степени строится на подражании; The child's instruction in speech, and school instruciton generally, is largely a function of imitation

77 не тому, что он умеет делать самостоятельно; In school, the child receives instruction not in what he can do independently

78 но тому, чего он еще делать не умеет; but in what he cannot yet do

79 но что оказыватется для него доступным в сотрудничестве с учителем и под его руководством; in what is accessible to him in collaboration with, or under the guidance of a teacher

80 обучается; receive instruction

81 Основное в обучении именно то

82 что ребенок обучается новому; He receives instruction

83 определяющая эту область доступных ребенку переходов; which determines the domain of translations that are accessible to the child

84 Поэтому зона ближайшуго развигтия; Therefore, the zone of proximal development

85 и оказывается самым определяющим мометом в отношении обучения и развития; is a defining feature of the relationship between instruction and development

86 ребенок умеет делать сегодня в сотрудничестве во второй стадии, он сумеет делать завтра сатостоятельно; what the child is able to do in collaboration today he will be able to do independently tomorrow

87 Только то обучение в детском возрасте хорошо, которое забегает вперед развития и ведет развитие за собой; The only instruction which is useful in child-

hood is that which moves ahead of development, that which leads it

88   Но обучить ребенка возможно только тому, чему он уже способен обучаться; However, it is only possible to teach a child when he is able to learn

89   Обучение возможно там, где есть возможность подражания; Instruction is possible only where there is a potential for imitation

90   обучение только тогда хорошо, когда оно идет впереди развития; *Instruction is only useful when it moves ahead of development*

91   назодящихся в стадии созревания; *that are in a stage of maturation*

92   лежающих в зоне ближайшего развития; *lying in the zone of proximal development*

93   пробуждается и вызывает к жизни целый ряд функций; *impels or wakens a whole series of functions*

94   главнейшая роль обучения в развитии; This is the major role of instruction in development

95   Этим отличается обучение ребенка от дрессуры животных; This is what distinguishes the instruction of the child from the training of animals

96   Все главные функции, активно участвующие в школьном обучении; all the major mental functions that actively participate in the school instruction

97   вращаются вокруг оси основных новообразований этого возраста: осознанности и произвольности; are associated with the important new formations of this age, that is, with conscious awareness and volition

98   Эти два момента; These

99   представляют собой основные отличительные черты всех высших психических функций, складывающихся в этом возрасте; are the features that distinguish all the higher mental fundtions that develop during this period

100   школьный возраст - оптимальный период обучения; the schoolage is the optimal period for instruction.

101   по онтошению к таким предметам, которые в максимальной мере опираюся на осознанные и произвольные функции; for those subjects that depend on conscious awareness or volition in the mental functions

102   или сензитивный период; It is a sensitive period

103   обучение этим предметам обеспечивает наилучшие условия для развития находящихся в зоне ближайшего развития высших психических функций; instruction in these subjects provides the ideal conditions for the development during this period

104 что эти функции еще не созрели к началу шкгльного возраста: because these functions have not yet matured at the beginning of the school age

105 и что обучение может известным образом организовать дальнейший процесс их развития и тем самым определить их судьбу; and because instruction organizes their further development development and partially determines their fate

106 Обучение потому и может вмешаться в ход развития и оказать свое решительное воздейстие; Instruction has a decisive influence on the course of development

107 относится всуцело и к основной нашей проблеме -- к проблеме развития научных понятий в школном возрасте; the same

108 особенности этого развития состоят в том, что источником его является школьное обучение; The basic characteristic of their development is that they have their source in school instruction

109 Поэтому проблема обучения и развития центральная при анализе происхождения и образования научных понятий; Therefore, the general problem of instruction and development is fundamental to the analysis of the emergence and formation of scientific concepts

110 высшие психические функции; higher mental functions

111 смысл; meaning

112 значение; meaning (word meaning)

参考文献

なお、本文中の引用は、原典に当たって確認した上で、必要に応じて原典から翻訳しています。したがって、訳語の責任は福田にあります。

Anderson *et al.* (2001) Lorin Anderson, David Krathwohl, Peter Airasian, Kathleen Cruikshank, Richard Mayer, Paul Pintrich, James Raths, Merlin Wittrock. *Taxonomy for Learning, Teaching, and Assessing: A Revision of Bloom's Taxonomy of Educational Objectives.* New York: Longman.

Bernstein (1971) Basil Bernstein. *Class, Codes and Control. vol.1.* London:Routledge & Kegan Paul. 日本語訳は、バーンステイン (1981)。

Bonwell and Eison (1991) Charles C. Bonwell and James A. Eison. *Active Learning: Creating Excitement in the Classroom.* Washington, D. C.:ASHE-ERIC Higher Education Report; The George Washington University, School of Education and Human Development.

Castelnuovo and Kotik-Friedgut (2015) Antonella Castelnuovo and Bella Kotik-Friedgut. *Vygotsky & Bernstein in the Light of Jewish Tradition.* Brighton, MA:Academic Studies Press.

Chickering and Gamson (1991) Arthur W. Chickering, Zelda F. Gamson (eds) *Applying the Seven Principles for Good Practice in Undergraduate Education.* No.47, San Francisco:Jossey-Bass Inc.

Collen (2015) Alanna Collen. *10% Human: How Your Body's Microbes Hold the Key to Health and Happiness.* William Collins. 日本語訳は、コリン (2016)。

Dewey (1899) John Dewey. The School and Society. In *The School and Society/The Child and the Curriculum.* Chicago: University of Chicago Press, 1956、Chap.1-3. 日本語訳は、デューイ (1998)。1 章から 3 章までは初出の 1899 年扱いとします。

Dewey (1902) John Dewey. The Child and the Curriculum. In *The School and Society/The Child and the Curriculum.* Chicago: University of Chicago Press, 1956. 日本語訳は、デューイ (1998)。

Dewey (1916) John Dewey. *Democracy and Education: An Instruction to the Philosophy of Education.* In Jo Ann Boydston *et al.* (eds) John Dewey:*The Middle Works; Vilume 9: 1899-1924.* Carbondale:Southern Illinois University Press, 1980. 日本語訳は、

デューイ（1975a; 1975b）。

Dewey and Dewey（1915）John Dewey and Evely Dewey. *Schools of Tomorrow*. New York:E.P.Dutton, 1962.　日本語訳は、デューイ（2000）。

Einstein（1936）Albert Einstein. On Education. In *Out of My Later Years*. Revised ed., Secaucus, New Jersey:Citadel Press, 1979. 日本語訳は、アインシュタイン（1971）

Erickson（1995）H.Lynn Erickson. *Stirring the Head, Heart and Soul: Redefining Curriculum and Instruction*, Thousand Oaks, CA:Corwin Press Publishers.

Erickson（1998）H.Lynn Erickson. *Concept-based Curriculum and Instruction: Teaching Beyond the Facts*. Thousand Oaks, CA:Corwin Press Publishers.

Erickson（2001）H.Lynn Erickson. *Stirring the Head, Heart and Soul: Redefining Curriculum and Instruction*, 2nd edition. Thousand Oaks, CA:Corwin Press Publishers.

Erickson（2002）H.Lynn Erickson. *Concept-based Curriculum and Instruction: Teaching Beyond the Facts*. Thousand Oaks, CA:Corwin Press Publishers.

Erickson（2007）H.Lynn Erickson. *Concept-based Curriculum and Instruction for the Thinking Classroom*. Thousand Oaks, CA:Corwin Press Publishers.

Erickson（2008）H.Lynn Erickson. *Stirring the Head, Heart and Soul: Redefining Curriculum, Instruction and concept-based learning*. 3rd edition. Thousand Oaks, CA:Corwin Press Publishers.

Erickson（2009）H.Lynn Erickson. *Facilitator's Guide to Stirring the Head, Heart and Soul: Redefining Curriculum and Instruction, 3rd edition*. Thousand Oaks, CA:Corwin Press Publishers.

Erickson（2012）H.Lynn Erickson. *Concept-based teaching and learning: IB position paper*. Geneva:IBO.

Erickson and Lanning（2014）H.Lynn Erickson, Lois A. Lanning. *Transitioning to Concept-Based Curriculum and Instruction: How to Bring Content and Process Together*. Thousand Oaks, CA:Corwin Press Publishers.

Erickson *et al.*（2017）H.Lynn Erickson, Lois A. Lanning, and Rachel French. *Concept-Based Curriculum and Instruction for the Thinking Classroom*. 2nd edition. Sage Publications. 日本語は、エリクソン他（2020）。

Florida（2002）Richard L. Florida. *The Rise of the Creative Class: and How It's Transforming Work, Leisure, Community and Everyday Life*. Basic Books. 日本語訳は、フロリダ（2008）。

Giddens（2023）Jean Foret Giddens. *Mastering Concept-Based Teaching and Competency Assessment: A Gide for Nurse Educaters*. St. Louis: Elsevier.

Giddens *et al.*（2015）Jean Foret Giddens, Linda Caputi and Beth L. Rodgers. *Mastering*

Concept-Based Teaching: A Guide for Nurse Educators. Mosby.

Greenberg（1995）Daniel Greenberg. *Free at Last: The Sudbury Valley School.* Sudbury Valley School Pr. 日本語訳は、グリーンバーグ（2019）。

Harari（2018）Yuval Noah Harari. *21 Lessons for the 21st Century.* New York:Random House. 日本語訳は、ハラリ（2019）。

Hattie and Yates（2014）John Hattie and Gregory C. R. Yates. *Visible Learning and the Science of How We Learn.* Routledge. 日本語訳は、ハッティ＆イエーツ（2020）。

Hurd and Curtis（2016）Caroline J. Hurd and J. Randall Curtis. How to Teach Communication Skills for Palliative Care Conversations. In Somnath Mookherjee and Ellen M. Cosgrove（eds）*Handbook of Clinical Teaching.* Springer International.

IBO（2009）*Making the PYP Happen：A Curriculum Framework for International Primary Education.* Cadiff, UK：International Baccalaureate Organization. 日本語訳は、国際バカロレア機構（2018a）。

IBO（2021）*MYP：From Principle into Practice.* Cadiff, UK：International Baccalaureate Organization（UK）. 日本語訳は、国際バカロレア機構（2018b）。

Johnson *et al.*（1991）David W. Johnson, Roger T. Johnson and Karl A. Smith. *Active Learning: Cooperation in the College Classroom.* Edina, MN:Interaction Book Company. 日本語訳は、ジョンソン他（2001）。

Lanning（2012）Lois A. Lanning. *Designing a Concept-Based Curriculum for English Language Arts: Meeting the Common Core With Intellectual Integrity, K–12.* Thousand Oaks, Califormia: Corwin.

Lundgren（2014）Ulf P. Lundgren. The Pedagogy of Hilda Taba and the Progressive Movement in Education. In Andreas Nordin and Daniel Sundberg（eds）*Transnational Policy Flows in European Education: The Making and Governing of Knowledge in the Education Policy Field.* Oxford:Symposium Books, 2014, 33–47.

Luria（1976）Aleksandr Romanovich Luria. *Cognitive Development, Its Cultural and Social Foundations.* Cambridge, Massachusetts: Harvard Univ Pr. 日本語訳は、ルリヤ（1976）。

Martin（2018）Jane Roland Martin. *School Was Our Life: Remembering Progressive Education.* Indiana University Press. 日本語訳は、マーティン（2021）。

Menand（2001）Louis Menand. *The Metaphysical Club: A Story of Ideas in America.* New York: Farrar Straus & Giroux.

Miller（1990）G. E. Miller. The Assessment of Clinical Skills/Competence/ Performance. *Academic Medicine*, Vol.65, No.9.

Mookherjee and Cosgrove (2016) Somnath Mookherjee and Ellen M. Cosgrove (eds) *Handbook of Clinical Teaching*. Springer International.

Higashida (2013) Naoki Higashida. Translated by KA Yoshida and David Mitchell. *The Reason I Jump: The Inner Voice of a Thirteen-Year-Old Boy with Autism*. New York: Random House.

OECD/PISA (1999) Programme for International Student Assessment. *Mesuring Student Knowledge and Skills: A New Framework for Assessment*. Paris:OECD.

OECD/PISA (2010) *PISA 2009 Assessment Framework: Key Competencies in Reading, Mathematics and Science*. Paris:OECD. 日本語訳は、経済協力開発機構編 (2010)。

OECD/PISA (2019) *PISA 2018 Assessment and Analytical Framework*. Paris: OECD.

Reich (1991) Robert B. Reich. *The Work of Nations: Preparing Ourselves for 21st-Century Capitalism*. New York:Alfred A. Knopf. 日本語訳は、ライシュ (1991)。

Renaud (1991) Gerard Renaud. The International Schools Association (ISA) : Historical and Philosophical Background. In Patricia L. Jonietz and Duncan Harris (eds) *World Yearbook of Ecuation 1991: International Schools and International Education*. London: Kogan Page. 6-14.

Sweet (2012) Victoria Sweet. *God's Hotel: A Doctor, a Hospital, and a Pilgrimage to the Heart of Medicine*. New York: Piverhead Books. 日本語訳は、スウィート (2013)。

Simpson and Jackson (1997) Douglas J. Simpson and Michael J. B. Jackson. *Eduational Reform: A Deweyan Perspective*. New York:Garland Publishing.

Taba (1962) Hilda Taba. *Curriculum Development; Theory and Practice*. Harcourt College Pub.

Taba (1966) Hilda Taba. *Teaching Strategies and Cognitive Functioning in Elementary School Children*. Washington D.C.:Office of Education, U. S. Department of Health, Education, and Welfare; San Francisco:San Francisco State College.

Vygotsky (1962) L.S.Vygotsky. *Thougth and Language*. Cambridge, Mass.:MIT Press.

Vygotsky (1987) The Collected Works of L. S. Vygotsky. Volume 1:Problems of General Psychology:Including the Volume *Thinking ans Speech*. New York:Prenum Press.

Wiggins and McTighe (1998) Grant Wiggins and Jay McTighe. *The Understanding by Design*. Alexandria, Virginia: Association for Supervision and Curriculum Development.

Wiggins and McTighe (2005) Grant Wiggins and Jay McTighe. *Understanding by Design: Expanded. Second Edition*. Upper Suddle River: Peason Prentice Hall. 日本語訳は、ウィギンズ＆マクタイ (2012)

Wiggins and McTighe (2011) Grant Wiggins and Jay McTighe. *The Understanding*

by Design Guide to Creating High-Quality Units. Alexandria, Virginia: Assn for
Supervision & Curriculum.

Wilson（1963）John Wilson. *Thinking with Concepts.* New York: Cambridge University
Press.

Wynn and Wiggins（1996）Charles M. Wynn and Arthur W. Wiggins. *The Five Biggest
Ideas in Science.* Hoboken, New Jersey: John Wiley & Sons. 日本語訳は、ウィ
ン＆ウィギンズ（1997）。

Выготский（1982）Л. С. Выготский *Собрание Сочнений*, т.2：*Мышление и Речь*,
Москва：Педагогика. 日本語訳はヴィゴツキー（2001）、英語訳は
Vygotsky（1987）。

アインシュタイン（1971）アルベルト・アインシュタイン著、中村誠太郎、
南部陽一郎、市井三郎訳『晩年に想う』講談社。

伊東治己（2014）『フィンランドの小学校英語教育 ―日本での小学校英語教科
化後の姿を見据えて』研究社。

ウィギンズ＆マクタイ（2012）グラント・ウィギンズ、ジェイ・マクタイ著、
西岡加名恵訳『理解をもたらすカリキュラム設計―「逆向き設計」の
理論と方法』日本標準。

ウィン＆ウィギンズ（1997）チャールズ・ウィン、アーサー・ウィギンズ著、
山崎昶訳『科学がわかる5つのアイディア』海文堂。

ヴィゴツキー（2001）レフ・ヴィゴツキー著、柴田義松訳『思考と言語』新読
書社、2001年。

エリクソン他（2020）H・リン・エリクソン、ロイス・A・ラニング、レイチェ
ル・フレンチ著、遠藤みゆき、ベアード真理子訳『思考する教室をつ
くる概念型カリキュラムの理論と実践―不確実な時代を生き抜く力』
北王子書房。

グリーンバーグ（2019）ダニエル・グリーンバーグ著、大沼安史訳『世界一素
敵な学校―サドベリー・バレー物語、改訂新版』緑風出版。

国際バカロレア機構（2018a）『PYPのつくり方―初等教育のための国際教育カ
リキュラムの枠組み』国際バカロレア機構。

国際バカロレア機構（2018b）『MYP：原則から実践へ』国際バカロレア機構。

経済協力開発機構（2004）国立教育政策研究所監訳『PISA 2003年調査―評価
の枠組み』ぎょうせい。

経済協力開発機構編（2010）国立教育政策研究所監訳『PISA 2009年調査―評
価の枠組み』明石書店。

コメニウス（1988）J.A. コメニウス著、井ノ口淳三訳『世界図絵』ミネルヴァ書
房。

コメニウス（1995）J.A. コメニウス著、井ノ口淳三訳『世界図絵』平凡社。

コズグローブ（2007）エレン・M・コズグローブ著、加我君孝訳『21 世紀米国医学教育の最前線』金原出版。

コリン（2016）アランナ・コリン著、矢野真千子訳『あなたの体は 9 割が細菌—微生物の生態系が崩れはじめた』河出書房新社。

佐藤学（1996）『カリキュラムの批評—公共性の再構築へ』世織書房。

柴田義松（2001）「訳者注解」ヴィゴツキー（2001）435 ～ 460 ページ。

ジョンソン他（2001）D. W. ジョンソン、R. T. ジョンソン、K. A. スミス著、関田一彦監訳『参加型の大学授業—協同学習への実践ガイド』玉川大学出版部。

スウィート（2013）ビクトリア・スウィート著、田内志文、大美賀馨訳『神様のホテル—「奇跡の病院」で過ごした 20 年間』毎日新聞社。

デューイ（1975a）ジョン・デューイ著、松野安男訳『民主主義と教育（上）』岩波書店。

デューイ（1975b）ジョン・デューイ著、松野安男訳『民主主義と教育（下）』岩波書店。

デューイ（1998）ジョン・デューイ著、市村尚久訳『学校と社会、子どもとカリキュラム』講談社。

デューイ（2000）ジョン・デューイ、エブリン・デューイ著、河村望訳「明日の学校」。『明日の学校・子供とカリキュラム』人間の科学社、7-242。

NHK（2015）『君が僕の息子について教えてくれたこと』NHK DVD。

ハッティ＆イエーツ（2020）ジョン・ハッティ、グレゴリー・イエーツ著、原田信之監修『教育効果を可視化する学習科学』北大路書房。

東田直樹（2007）『自閉症の僕が飛び跳ねる理由—会話のできない中学生がつづる内なる心』エスコアール。

東田直樹（2014）『跳びはねる思考—会話のできない自閉症の僕が考えていること』イースト・プレス。

福田誠治（2003）「戦争の記憶　ヒロシマ」都留文科大学比較文科学科編『記憶の比較文化論』柏書房、2003 年、2009 ～ 250 ページ。

福田誠治（2021a）『教育学って何だろう—受け身を捨てて自律する』東信堂。

福田誠治（2021b）『北欧の学校教育と Well-being』東信堂。

福田誠治（2021c）『CEFR（セファール）って何だ』東信堂。

福田誠治（2022）『キー・コンピテンシーと PISA—ネオリベラル期教育の思想と構造 2』東信堂。

福田誠治（2023）『オンラインリテラシーと読解リテラシーの葛藤—デジタル時代の新しい学び』東信堂。

フロリダ（2008）リチャード・フロリダ著、井口典夫訳『クリエイティブ資本論―新たな経済階級の台頭』ダイヤモンド社。

ハラリ（2018）ユヴァル・ノア・ハラリ「近い将来、『役立たず階級』が大量発生する」、大野和基インタビュー・編『未来を読む―AI と格差は世界を滅ぼすか』PHP。

ハラリ（2019）ユヴァル・ノア・ハラリ著、柴田裕之訳『21 Lessons：21 世紀の人類のための 21 の思考』河出書房新社。

バーンステイン（1981）萩原元昭編訳『言語社会化論』明治図書。

ボンウェル & エイソン（2017）チャールズ・ボンウェル、ジェームス・エイソン著、高橋悟訳『最初に読みたいアクティブラーニングの本』海文堂出版。

マーティン（2021）ジェーン・R・マーティン著、生田久美子監訳『学校は私たちの「良い生活（グッドライフ）」だった―アメリカ教育史の忘れもの』慶應義塾大学出版会。

メナンド（2011）ルイ・メナンド著、野口良平、那須耕介、石井素子訳『メタフィジカル・クラブ――米国 100 年の精神史』みすず書房。

水巻中正（2016）「医学教育の国際潮流」、医学教育を考える編集委員会編著『医学部教育イノベーション―医療が変わる、世界が変わる』日本医療企画。

ライシュ（1991）ロバート・B・ライシュ著、中谷厳訳『ザ・ワーク・オブ・ネーションズ―21 世紀資本主義のイメージ』ダイヤモンド社。

ルリヤ（1976）森岡修一訳『認識の史的発達』明治図書。

おわりに

　知識は事実そのものではなく、事実はすべて知識に表現できるものではありません。

　知識は、言葉・ことばで表現されますが、表現しきれるものでもありません。

　表現したい意味を、正確にことばに直せるものでもありません。

　知識を勉強する時には、その知識を覚えようとするのではなく、概念を交流させながら考え、探究し、理解するというプロセスを踏んで、互いに多様性を認めながら協働学習し、自分の生き方を作り、社会を支える能力を形成しながら、自分なりの知識を構成していく方が成果が高いと見なされています。この方が時代の変化に対応できるからです。

　現在のヨーロッパでは、「平等（equality）」を法的な対応としてとらえることを考えます。多様性を認めるという立場から、一人ひとりには違いがあることを認め、今では「平等」という言葉を「公正（equity）」という概念に解釈して実行しています。

　「公正」という概念に基づくと、教育とか、教師の仕事は、一人ひとりの「自律（autonomy）」を目指し、一人ひとりに合った支援をするということになります。「自律」とは自分で自分を調整しながら、自ら伸びていくという意味です。どの生物にも、環境に適応して生きていくために自分で自分を創り変える「生成的な（genetic）」力があります。とりわけ人間には、脳を働かせて意識的に自己を「生成していく」という特徴があります。

　自己を「生成していく」ように人間を育てるには、問題解決学習を親や教師が設定して見守るというのがもっともよい方法だと、今

日では考えられるようになりました。

　では、一人ひとりが学んだ「学習の成果」とは何でしょうか。学習の成果は、人生のうちのいつ、どのように現れるのでしょうか。

　学んだ知識を、理解し、考え、実行し、人々と交流しながら自分の思い込みを修正したとしても、物理的にどう記憶されるかは不明です。

　おそらく、ある環境で、ある役割をこなす時に、思考が結びつけられて、記憶が甦るのだろうと思われます。状況に応じて何かをしようとするときに、記憶が呼び覚まされるわけです。

　したがって、「○人は嫌いだ」「あいつは信用ならない」というような内言の声を時間をかけて、普段からじっくりとクリティカル・シンキングして概念を豊かにし、深め、一般化しておくことが必要です。

　しかも、ユヴァル・ノア・ハラリが言うように、

　　「従来の生活様式では、人生は二つの時期に分かれていました。最初は『学ぶ時期』、次に『学んだことを使う時期』です。最初の時期に安定したアイデンティティとスキルが確立され、あとはそれを使うだけでした。

　　　しかしこれは、21世紀では通用しません。われわれは絶えず学習し、自己革新をしなければならないのです。」（ハラリ 2018：96）

情報がめまぐるしく変化し、錯綜する現在には、生涯学習と自己革新が必要だというわけです。その結果、過去の古い学習の成果そのものを否定することも起きてくるでしょう。では、何も残らないのでしょうか。

　有名な物理学者のアインシュタインは、『晩年に想う』という著書の中で、次のようなことばで教育の成果を語っています。

「教育とは、学校で習ったことをすべて忘れた後に残っている
ものなのだと語った人がいるが、これは正しいと思う。」

「最も重視すべきことは、特殊な知識の習得ではなく、自分自
身で思索し判断するための一般的な能力を発達させることが常
に最も重視すべきことなのです。」

「他人に頼らず独立に思考し働くことを学んだ人は、自分の行
くべき道を確実に見いだすばかりではなく、主として細々した
知識を習得する訓練を受けた人よりも、進歩と変化に対してよ
りよく自らを適応させうるだろう。」(Einstein 1979：36、アインシュ
タイン 1971：56-57)

　知識をたくさん得て、高度に合理的な思考をすれば、教養が身に
つくというものでもないようです。

　アインシュタインが言う「学校で習ったことをすべて忘れた後に
残っているもの」とは、教科書に書いてある言葉や知識の奥にある
ものです。それは概念なのです。教科書で「平等」という言葉や知
識を習っても、「平等」という言葉の中身、つまり概念ができあがっ
ていないと、知らず知らずに抱いてきた差別感をコントロールでき
なくなるわけです。

　非合理で解きほぐしがたく絡んだ内言の世界は、合理的思考がで
きる高次精神機能とは異なり、ゆるやかな意味の世界になっていま
す。この世界をコントロールするには、理性的、合理的に判断でき
るように概念を文化的に豊かにしておくことです。民族を越え、国
境を越えて交流する経験を持つとか、文学などの読書によって疑似
体験をして概念を深めながら整理し、自分軸をはっきりさせて乗り
切るほかないと思われます。

　概念型カリキュラムは、答えが複雑で、単純に割り切れない考え
を保持し続け、人間に多様性をもたらす教育方法だと思います。

　詰め込み教育を止めるにはどうしたらよいのか、それを考えていたら、筆者は「概念型カリキュラム」に行き着きました。それで、考えを媒介する道具は「言葉」「ことば」など記号ですが、その意味を作り出しているのは概念なのだ、と本書で説明してきたわけです。教育の本体も、学習の本体も概念なのです。人間が抱えるトラブルの原因のほとんどは、ことばの問題ではなく、概念の問題のようです。

事項索引

人名索引

著者紹介

福田　誠治（ふくた　せいじ）

1950年岐阜県生まれ。
1979年より42年間都留文科大学に勤務。
元都留文科大学学長、前都留文科大学理事長
著書として、『こうすれば日本も学力世界一――フィンランドから本物の教育を考える』
朝日新聞出版、2011年2月、『フィンランドはもう「学力」の先を行っている』亜紀書房、
2012年10月、『国際バカロレアとこれからの大学入試―知を創造するアクティブ・
ラーニング』亜紀書房、2015年12月、『ネオリベラル教育の思想と構造―書き換え
られた教育の原理』東信堂、2017年12月、『キー・コンピテンシーと PISA―ネオリ
ベラル教育の思想と構造2』東信堂、2022年5月、『オンラインリテラシーと読解リ
テラシーの葛藤―デジタル時代の新しい学び―』東信堂、2023年5月など。東信堂
ブックレットとして、『教育学って何だろう』『CEFR って何だ』『北欧の学校教育と
Well-being』(2021年7月)がある。

思考の世界は概念が支える――主体的、対話的で深い学びの行き着くところ

2023年7月31日　　初　版第1刷発行　　　　　　　　　　　　〔検印省略〕
　　　　　　　　　　　　　　　　　　　　　　　定価は表紙に表示してあります。

著者ⓒ福田誠治／発行者　下田勝司　　　　　　　　印刷・製本／中央精版印刷

東京都文京区向丘 1-20-6　　郵便振替 00110-6-37828　　　　　　　　発 行 所
〒113-0023　TEL (03) 3818-5521　FAX (03) 3818-5514　　　株式会社 東信堂
Published by TOSHINDO PUBLISHING CO., LTD.
1-20-6, Mukougaoka, Bunkyo-ku, Tokyo, 113-0023, Japan
E-mail : tk203444@fsinet.or.jp　http://www.toshindo-pub.com

東信堂

※定価：表示価格（本体）＋税　　〒113-0023　東京都文京区向丘1-20-6　TEL 03-3818-5521　FAX03-3818-5514
Email tk203444@fsinet.or.jp　URL:http://www.toshindo-pub.com/